琉球王国を導いた宰相
蔡温《さいおん》の言葉

藤 亮

ボーダー新書
013

はじめに――琉球王国の歴史上、最も偉大な、最も理屈っぽい政治家

琉球王国の歴史に不滅の名を残した偉人、蔡温《さいおん》。

「琉球王国最大の政治家」「古今独歩の大経世家」「近世琉球のスーパースター」など、彼を称える形容詞には事欠きません。

蔡温には、もうひとつの称号を贈ってもよいと思います。「琉球王国の歴史上、最も理屈っぽい男」と。

蔡温は言います。

「死者の祟りなどない！」と。

なぜか。

「死者が祟るのであれば、戦で死んだ兵士は、なぜ敵兵を祟り殺さないのだ。おかしいではないか」

また蔡温は言います。

「生まれ変わりなどない！」と。

なぜか。

「人間が生まれ変わるのならば、孔子はなぜ生まれ変わってこないのだ。おかしいではないか」

さらに蔡温は言い切ります。

「あの世などない！」と。

なぜか。

「あの世などという概念は、釈迦が大昔につくりあげた方便にすぎない。そんなものがいまだに信じられているとは、じつに嘆かわしいかぎりだ」

琉球史において、蔡温ほど、その個性をうかがい知れる人物はいません。それは彼が、当時としては突出して多くの著作を残しているからです。

蔡温は筆まめな人物でした。彼は自叙伝を書き、王府政治のマニュアルを書き、啓蒙書を書き、教訓書を書き、さらには森林育成の業務マニュアルまで執筆しています。その数は、単著のみにしぼっても十六編に及びます。

残念ながら、蔡温の著作のうちいくつかは、散逸して内容が確認できません。しかし、先人の努力によって、多くが写本として今日まで伝えられています。

私たちは、蔡温の言葉を聞くことができるのです。とはいえ、当然ながらそれらは古い文体（候文《そうろうぶん》や漢文）で書かれているため、容易に読めるものではありません。

そこで本書では、彼の言葉を現代語に訳し、気軽に読めるものにしました。蔡温の半生を綴った『自叙伝』と、王府政治のマニュアルともいうべき『独物語《ひとりものがたり》』、そして、その他の著作から選んだ印象的な言葉を「蔡温、かく語りき」としてまとめています。

また、蔡温の言葉をより深く理解するために、蔡温の生涯と、彼が活躍した時代背景などを「蔡温が、そこにいた」という一編にまとめました。

理屈っぽく、説教臭く、謙虚に見せかけて自信満々で、そうかと思うと、「若い頃の自分は本当に駄目な奴だった」と正直すぎる告白をしてしまう男、蔡温。彼の言葉を通じて、どこか憎めないその魅力に触れていただければ幸いです。

《新書版追記》

本書は、二〇一一年にボーダーインクより刊行された『蔡温の言葉』を新書判として改訂したものです。前書において『家導訓』という書物の中からいくつかの言葉を「蔡温、かく語りき」として紹介していました。しかし、出版後に調べ直したところ、『家導訓』は蔡温の著書ではなく、江戸前期の福岡藩士で儒学者の貝原益軒《かいばらえきけん》の著書であることがわかりました。このたび新書版を上梓するにあたり、『家導訓』からの引用をすべて削除しました。それにかわり、蔡温の著書の中から新たな言葉を紹介しています。

旧版の読者の皆様にお詫びするとともに、このたびの新書版をご愛読いただければ幸いです。

編著者拝

目次

蔡温、かく語りき　——そのほかの著作から　161

蔡温が、そこにいた——どういう人物だったのか

蔡温登場の時代背景

蔡温は何をした人物なのか

蔡温は何をした人物なのか。その名は知られていても、その業績については、あまり知られているとは言えません。

蔡温の改革は多岐にわたりますが、主に次の六つに集約されるでしょう。

・農業振興（農耕適地の開墾、農務帳の発布など）
・商工業振興（職人税の免除、士族の失業対策を兼ねて農商業への従事を許可）
・治山事業（森林育成政策）
・治水事業（羽地大川の改修をはじめとする全琉の河川改修）
・国土再編（村落の移動・新設、林野地・農地・住居地などの境界の明確化）
・儒教道徳の徹底（「御教条」の発布など）

これらはそれぞれ独立したものではなく、相互に関連しています。たとえば、治水事業で新たに開かれた耕地に村落を新設したり、治山事業のために林野地と住居地の境界を明確化したり、というように。

今日よく見られる海岸沿いのアダン林は、海岸に移動させた村落の防風・防潮林として、この時代に植樹されたものです。山原のジャングルも、自然そのままの原生林ではなく、蔡温の森林育成政策によって多くの人の手が入っています。さらに、沖縄で豚肉がよく食べられているのも、その起源は蔡温時代の仕事にあります。蔡温の手の跡は、そうと気づかないほど自然に、今日の沖縄に残されています。

「蔡温以後、三司官は四人いる」という言葉が伝えられています。三司官とは、琉球王国の政治を司った三人制の大臣です。蔡温も三司官として活躍しましたが、死後もその業績や教訓が強い影響を残し、四人目の三司官として蔡温がいるようなものだ、と評されたのです。

蔡温はどのような人物だったのか。

蔡温の言葉をより深く理解するための一助として、彼が登場した時代背景、略歴、人物像を見ていきたいと思います。

蔡温登場までの前史

蔡温が琉球史の舞台に上がるまでの前史を、簡略に述べてみたいと思います（すでに詳しい方は、ここは飛ばしていただいて構いません）。

琉球史においては、一六〇九年の薩摩侵攻から、一八七九年の琉球処分（廃琉置県）までの時代を、「近世琉球」と呼びます。蔡温が活躍した時代は、琉球王国の運命を大きく変えた薩摩侵攻から、およそ百年後です。

琉球王国はもともと、中国（明朝、後に清朝）に臣下の礼をとる朝貢国でした。朝貢とは、貢物をささげることです。琉球国王が即位する際には、中国皇帝からの認証を受けました。中国の皇帝から国王として認められることを、「冊封」といいます。琉球国王は形式的に皇帝に臣従しますが、内政干渉されることはなく、実質的には貿易（進貢貿易）を担保するために友好関係を結ぶようなものです。このように、皇帝から国王として認められ（冊封）、皇帝に貢物をおくる（朝貢）関係を、冊封・朝貢関係と呼びます。

冊封・朝貢関係は、琉球だけでなく、朝鮮王朝や東南アジアの各国も、中国との間に結んでいます。これを冊封・朝貢体制と呼び、前近代の東アジアにおける国際関係の基調となっていました。十五世紀、琉球王国が海洋貿易国家として繁栄した時代を「大交易時代」と呼びますが、これは、冊封体制を琉球王国が活用することによって現出されたものです。

一六〇九年、琉球王国は薩摩藩島津氏の侵攻を受けました。戦に敗れた琉球は、薩摩藩および江戸幕府への従属を余儀なくされます。ここから「近世琉球」と呼ばれる時代が始まります。琉球は薩摩藩の附庸《ふよう》(従属)国となり、「幕藩体制下の異国」とみなされました。江戸幕府の支配下にある外国、というほどの意味です。

ただし、琉球が日本の附庸国になったことは、中国に気づかれないよう隠蔽されました。中国との進貢貿易を維持するためです(中国は気づいていましたが、見てみぬふりをしていました)。こうして、琉球はその後も、中国との冊封・朝貢関係を継続します。

琉球にとって、日本との従属関係は、中国との冊封・朝貢関係のようにゆるやかなものではありませんでした。国王の即位だけでなく、三司官(大臣)の任官にも薩摩藩の認証が必要になり、進貢貿易にも介入されるようになります。

しかし、幕府および薩摩藩は、琉球王国の自治を基本的には認めました。島津侵入後の琉球は、決して傀儡《かいらい》国家になったわけではありません。

ただ、琉球にとって決定的だったのは、薩摩藩に対して年貢(仕上世《しのぼせ》)を納める義務が課せられたことです。

この変化に対応するために、琉球王国では、それまでの交易国家体制から、農業国家体制への転換がはかられます。その改革を強力なリーダーシップで主導したのが、羽地朝秀《はねじちょうしゅう》（唐名は向象賢《しょうしょうけん》）です。羽地朝秀の時代に行われた改革には、次のようなものがあります。

・祭政一致から、政治を優位とする統治体制への改編
・古琉球における行政組織の解体・再編
・儒教思想の導入
・土地利用における風水の導入
・身分制（士農の分離）の厳格化
・土地開墾の奨励（仕明《しあけ》政策）
・サトウキビ・ウコン栽培の基幹産業化

これらの改革によって、近世琉球における国家体制の土台がつくられます。

羽地の死から七年後に生まれた蔡温は、羽地が固めた土台の上に立つことができました。蔡温は羽地の改革路線を継承し、「近世琉球の完成者」と呼ばれることになります。

蔡温は大先輩にあたる羽地の功績を、「新しく国をつくって国王に献上したようなもの」

と賞賛しました。

こうして、蔡温が活躍した十八世紀に入ります。十八世紀の琉球は、十五世紀の大交易時代に続く、第二の黄金時代と言われています。琉球王朝文化が爛熟期を迎えた時代です。

この時代、大政治家となった蔡温をはじめ、「名護聖人」と呼ばれた儒学者の程順則《ていじゅんそく》、組踊《くみおどり》を創始した玉城朝薫《たまぐすくちょうくん》、若くして非業の死を遂げた文人の平敷屋朝敏《へしきやちょうびん》、天才画家・座間味庸昌《ざまみようしょう》（唐名は殷元良《いんげんりょう》）など、多彩な人材が輩出されました。

そのとき、世界は

蔡温が琉球で国政に携わっていた頃、日本では、江戸幕府中興の祖といわれる八代将軍・徳川吉宗《とくがわよしむね》の時代です。吉宗の下で享保《きょうほう》の改革に携わった大岡越前守忠相《おおおかえちぜんのかみただすけ》は、蔡温と同世代です。蔡温が二十二歳のとき（一七〇三年）、赤穂浪士が吉良邸に討ち入りました。

中国では、康熙帝《こうきてい》・雍正帝《ようせいてい》・乾隆帝《けんりゅうてい》という三代の皇帝により、清朝の隆盛期が現出されていました。朝鮮王朝は琉球との国交はありませんでしたが、英祖《えいそ》の下で、次代の正祖《せいそ》に引き継がれる文化政治の土台が築かれています（朝鮮王朝の英祖は、古琉球の英祖王とはもちろん別人です）。東アジア諸国は、名君の統治下で安定した時代を迎えていました。

羽地朝秀の改革によって国内の政治体制がひとまず整備され、海外の情勢も安定する中で、蔡温の活躍する舞台が用意されました。

なお、この時期、ヨーロッパでは絶対王政の時代が終幕し、後に市民革命の精神的支柱となる、啓蒙思想の時代を迎えます。オーストリアの「女帝」マリア・テレジアや、プロイセン(ドイツ)のフリードリヒ大王が活躍した時代です。蔡温と同世代の著名人としては、音楽家のJ・S・バッハがいます。

北米およびインドでの植民地抗争では、まもなく産業革命を成し遂げるイギリスと、ブルボン朝のフランスが対立していました(結果は、イギリスがフランスを駆逐します)。東南アジアにはオランダが進出しています。「鎖国」体制下の日本と貿易していた唯一の西洋国家です。アメリカ合衆国は、まだ地球上に存在しません。

東アジア諸国が近代欧米列強の脅威に直面するのは、蔡温の死から数十年を経た後のことです。

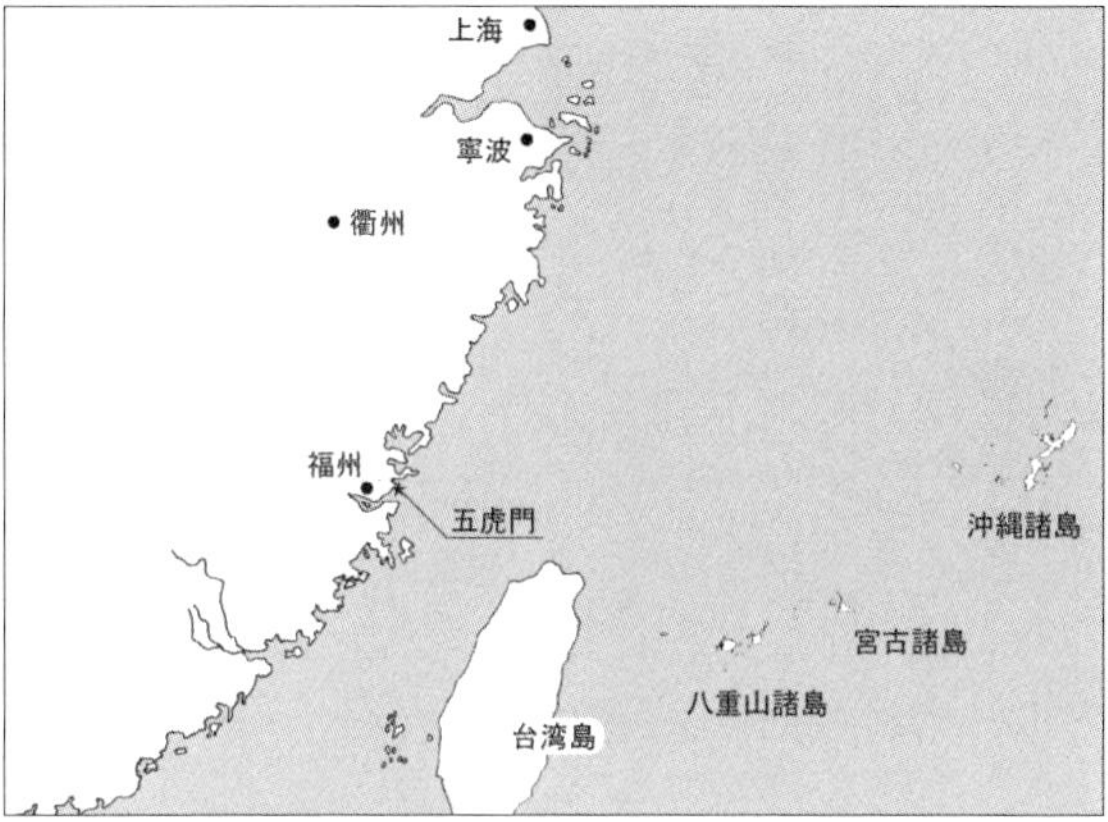
上海
寧波
衢州
福州
五虎門
沖縄諸島
宮古諸島
八重山諸島
台湾島

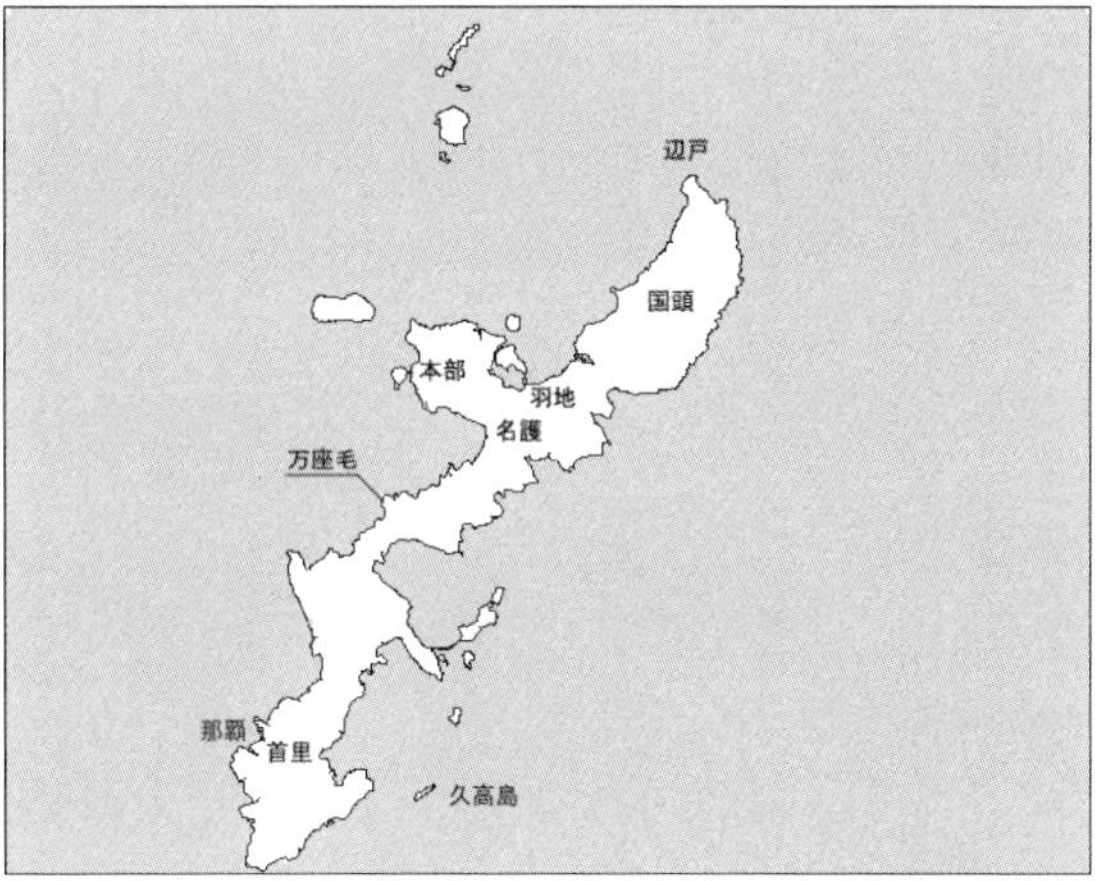
辺戸
国頭
本部
羽地
名護
万座毛
那覇
首里
久高島

蔡温略伝

蔡温の出自

蔡温は一六八二年、久米村（現在の那覇市久米）の名家である蔡氏志多伯家《したはくけ》の次男として生まれました。久米村はもともと中国系帰化人の子孫によって構成された共同体ですが、早くから土着化し、蔡温が生まれた頃には習俗も一般の琉球人と変わらないものになっています。

久米村の草創期に琉球へ帰化した人々を閩人《びんじん》三十六姓（または久米三十六姓）といい、蔡氏もその一系です。閩とは、現在の中国福建省を指します。

久米村人は、首里王府から対中国外交の実務を委託され、通訳や操船に活躍しました。近世においては、中国から最先端の朱子学（当時の儒学の主流）や風水（地理）学を導入する、「学問の府」としての役割も果たすことになります。

なお、蔡温という名は、蔡が姓で、温が名（諱《いみな》）です。これは唐名《からな》という中国風の名前です。琉球風の名前は、最終的には具志頭《ぐしちゃん》親方《ウェーカタ》文若《ぶんじゃく》となります。最終的にというのは、名字にあたる「具志頭親方」は領地名と称号の組み合わせなので、領地と称号が変わるたびに名字も変わるからです。蔡温の名字も、「志多伯《したはく》秀才《スウチェ》」「神谷《かみや》親雲上《ペーチン》」「末吉《すえよし》親方《ウェーカタ》」などと変遷しています。

文若というのは、本来は字《あざな》です。字とは、昔の中国人が、一人前になった証に自分で付けていた別名です。『三国志』で有名な諸葛亮《しょかつりょう》を諸葛孔明《しょかつこうめい》とも呼ぶのは、亮が諱で、孔明が字だからです。久米村士族の場合、字が琉球風の名乗りを兼ねていたようです。

ちなみに、一般的に蔡温が唐名で呼ばれ、羽地朝秀（唐名は向象賢）が琉球風の名で呼ばれるのは、久米村士族の場合、唐名がより本名に近いものと捉えられているためです。

さて、蔡温の父・蔡鐸《さいたく》は、もともとは同じ久米村の梁氏の出身でしたが、八歳で蔡氏の養子になっています。王府の正史『中山世譜《ちゅうざんせいふ》』や、外交文書集『歴代宝案《れきだいほうあん》』などを編纂したことで知られる人物です。後に、久米村の村長にあたる久米村総役《くめむらそうやく》（総理唐栄司《そうりとうえいし》ともいう）に選任され、三司官座敷（三司官待遇）の位を与えられるなど、久米村のみならず首里王府におけるＶＩＰ（重要人物）でもありました。

母の真呉瑞《マゴゼイ》は、泊《とまり》村の葉氏の出身です。蔡温の『自叙伝』では一貫して「葉氏」と表記されています。

両親とも長命で、父・蔡鐸は八十一歳、母・真呉瑞は九十三歳まで生きました（年齢は数え年。以降、本書の年齢表記はすべて同じ）。蔡温自身も、八十歳の長寿を保ちました。

若き日の蔡温

蔡温は次男ですが、正室の真呉瑞の子でした。対して、長男の蔡淵《さいえん》は側室の子でした。当時の常識からいえば、次男とはいえ、正室の子である蔡温が志多伯家の嫡子（跡取り）となるはずでした。しかし、ある人物の強硬な反対により、蔡温は嫡子の座に着くことなく、側室の子である蔡淵が嫡子となります。このあたりの事情は『自叙伝』に詳しいので、是非そちらをご覧いただきたいと思います。

少年期の蔡温は、意外なことに、学問がまったくできず、ひねくれて遊び歩いている「落ちこぼれ」でした。学問を「やらなかった」のではなく、「やってもできなかった」ことが、彼の『自叙伝』からうかがえます。

それが、十六歳のときに経験した屈辱的な出来事をきっかけに、必死で学問に取り組むようになります（この出来事も『自叙伝』で詳細に述べられています）。その甲斐あって、蔡温は青年期になってから、学問の府である久米村で師匠職を務めるまでに成長しました。

蔡温は二十七歳で中国へ渡り、最先端の風水学を身に付けます。さらに、謎の「隠者」から「人間実理実用の道」、つまり、現実社会に貢献するための学問を伝授されました。この「隠者」との出会いは、『自叙伝』中盤のハイライトです。

このとき身に付けた風水学と「実学」は、後に蔡温が主導する改革の、技術的・思想的なバックボーンになります。

風水といえば今日では非科学的なものと思われますが、自然界のバランスを見て土地の利用法を考えるというその思想は、蔡温が後に指揮するさまざまな土木事業や森林育成政策に役立つものでした。当時、風水は「地理」と同義です。土地を知り、土地を診《み》るという営みは、合理的な土地利用を計画する蔡温の目的に合致していたのです。

蔡温、出世する

一七一〇年、蔡温は帰国してすぐ、単身で国頭地方への騎馬旅行に出かけました（旅役を終えると、半年の休暇が与えられます）。この年は、三千人以上が餓死した未曾有の大飢饉（己

冊封を受けたときの尚敬王（徐葆光『中山伝信録』より）。
弱冠二十歳の王には、まだ髭も生えていません

丑の大飢饉）の翌年です。この旅行で蔡温が見た光景は、かなり地獄絵図に近いものだった可能性があります。蔡温は生涯にわたり、山林育成をはじめとする、国頭地方にかかわる政策を重視しました。国頭への関心は、この頃からすでに育まれていたようです。

　蔡温は三十歳のとき、王世子《おうせいし》（国王の世継ぎ）尚敬《しょうけい》の教育係に大抜擢されました。翌年に尚益王《しょうえきおう》が急死し、尚敬が王位を継ぐと、蔡温はそのまま国王の師匠役になります。「国師蔡温」の誕生です。

　まだ十三歳の少年王と、三十一歳の国師は、尚敬王の死にいたるまで、ゆるぎない信頼で結ばれることになります。後

の政治家蔡温の活躍は、尚敬王の後ろ盾なくしてはありえなかったでしょう。

この頃、蔡温は首里赤平に屋敷を賜り、久米村から転居しています。

尚敬王は当然ながら中国皇帝の代理人（冊封使）による冊封を受けましたが、このとき、蔡温にさらなる栄達をもたらす「評価《ハンガー》事件」が起こります。「評価《ハンガー》」とは、中国人が持ちこんできた貿易品（唐人持渡品《とうじんもちわたりひん》）の買取額を決めることです。唐人持渡品は、王府が買い取るシステムになっていました。この買取額をめぐって、深刻なトラブルが発生したのです。

この事件は、『自叙伝』のクライマックスとして迫真の描写がなされています。

ちなみに、玉城朝薫が組踊を冊封使の前で初演したのは、このときのことです。

蔡温、薩摩の足下を見る

冊封使が帰国した二年後の一七二二年、蔡温四十一歳のとき、薩摩藩から琉球の検地を行う旨が通達されました。検地が行われれば増税は避けられないため、王府は動揺します。

このとき、蔡温が王府に意見書を提出しました。この意見書には、蔡温が琉球と薩摩の関係をどのようにとらえていたかが、端的に示されています。

蔡温の意見は、「検地をやりたいなら、やらせればいい」でした。いわく、「薩摩は琉球を介して中国と貿易することにより、莫大な利益を得ている。琉球が中国との貿易を続けられないほど貧苦に陥れば、薩摩だって困るはずだ。だから、無闇な増税はしないだろう」。

事実、薩摩藩は結局のところ検地を行わず、琉球に軽微な増税を通達するにとどめました。この頃すでに、琉球の進貢貿易も、薩摩からの借銀なしには成り立たなくなっています。蔡温は、琉球と薩摩がもはや相互依存の関係にあることを正確に見抜いていたのです。

なお、蔡温はこの意見書の中で、いずれにせよ検地は必要であるとの認識も示しています。羽地朝秀の開墾奨励策（仕明《しあけ》政策）によって琉球の田畑は増大しており、王府も琉球の正確な生産高を把握できていなかったためです。

蔡温は後に、蔡温政治の集大成となる「乾隆検地」を実施することになります。

尚敬王の山北巡幸

蔡温が四十五歳のとき、王府は前代未聞のデモンストレーションを敢行しました。尚敬王の山北（国頭）巡幸です。百官を引き連れ、ほぼ王府まるごと移動する大事業でした。これも蔡温の企画によるものと言われています。

この山北巡幸において、二つの伝説が生まれました。

ひとつは、とある断崖上の毛《もう》（野原）を見た尚敬王が、「万人が座れるほど広い毛だ」と感嘆したというもの。その場所がどこなのか、言うまでもないでしょう。

もうひとつは、恩納間切《おんなまぎり》（間切は現在の市町村）の女流歌人・恩納ナビーが、尚敬王の御前で次の琉歌を披露したというものです。

波の声もとまれ　風の声もとまれ　首里天がなし美御機拝ま

（波も静まれ　風も静まれ　王様の御顔を拝見しましょう）

ただ、山北巡幸は次代の尚穆王《しょうぼくおう》も行っているため、恩納ナビーの伝説は尚穆王代の出来事とも考えられます。

尚敬王いわく「万人が座れる毛（野原）だ！」

蔡温、国政のトップに立つ

蔡温が三司官（三人制大臣）に選任されたのは、山北巡行から二年後の一七二八年、四十七歳のときでした。

久米村出身の三司官は、琉球王国の歴史上、蔡温のほかに一人しかいません。もう一人とは、尚寧《しょうねい》王に仕え、薩摩侵攻に立ち向かった鄭迵《ていどう》（謝名利山《じゃなりざん》）です。

三司官の上には摂政《せっせい》がいますが、摂政になれるのは王族だけでした。よく「摂政三司官」とひとくくりで呼ばれるように、摂政と三司官は協議して国政を運営します。事実上、蔡温は国政のトップに立ったのです。

ちなみに、当時の摂政は、「耳切坊主《みみちりぼうず》」の伝説で有名な北谷《ちゃたん》王子でした。北谷王子は尚敬王の弟です。

蔡温は三司官就任と同時に、具志頭間切《ぐしちゃんまぎり》の総地頭職も拝命します。こうして、琉球風には具志頭親方文若を称することになります。

蔡温が三司官になってから四、五年の間に、ユタ禁止令の発布、史書『球陽《きゅうよう》』の編纂開始、儒教道徳を民衆に広めるための「御教条《ごきょうじょう》」の発布、士族が商工業に従事することの許可など、さまざまな政策が矢継ぎ早に打ち出されます。

蔡温はあくまで三司官の一人なので、これらの政策がすべて蔡温の主導によるものと決め付けるわけにはいきませんが、深く関わっていることは確かです。特に「御教条」は、蔡温がその前年に具志頭間切で発布した『平時家内物語《へいじかないものがたり》』と重複する内容の多いことが指摘されています。

士族の商工業への従事を認めたのは、当時深刻化していた、町方の人口増加への対策と、士族の失業対策の一環です。

従来、士族は役人以外の職に就くことを禁止されていました。しかし、士族人口が年々増大していく一方で、役職はかぎられています。自然、無職の貧窮士族が町方にあふれることになり、すでに商工業に従事する士族も少なくありませんでした。王府はそれを追認した形になります。

このとき同時に、王府は士族の貧窮対策として「模合法《もあいほう》」を定めました。士族の俸給の一部を王府が預かり、集めた俸給を輪番で各家に供給する制度です。まさに、現在も行われている模合です。これを王府が主催していたのです。

それ以前に王府は、士族が地方の農村で農業に従事することも認めています。これも王府が現状を追認した形ですが、屋取《やどり》集落はここから始まります。

平敷屋《へしきや》・友寄《ともよせ》事件

蔡温の三司官就任から六年後の一七三四年、王府をゆるがす大事件が起きました。現在まで多くの謎に包まれている「平敷屋・友寄事件」です。

事件の首謀者は、首里士族の平敷屋朝敏《へしきやちょうびん》と友寄安乗《ともよせあんじょう》です。彼らは、那覇にあった薩摩在番奉行所（薩摩藩の出先機関）に、ある投書をしました。投書の内容は不明ですが、王府政治を批判するものだったと言われています。蔡温の専横を批判したものだったとも言われますが、推測の域を出ません。

平敷屋・友寄らにとっておそらく誤算だったのは、その文書が薩摩在番から首里王府に回されてしまったことです。

王府は、投書に関わったとされる平敷屋・友寄以下十五名に、国事犯として死刑を言い渡しました。

友寄安乗は時の三司官の一員である美里《みさと》親方の実弟で、名門中の名門と言える家柄です。しかし、友寄以下十五名は、安謝湊《あじゃみなと》で容赦なく処刑されました（美里親方は翌年に三司官を辞任）。

刑罰において教化主義（改心させるために罰を与えること）をとっていた琉球では、死刑自体がそれほど多くはありませんでした。これほど大規模な処刑は、琉球史上かつてない過酷なものです。事件にかかわった人々の妻子も、士族から百姓身分に落とされたうえ、流刑に処されました。

この事件について、『中山世譜』『球陽』などの史書は完全に黙殺しています。わずかに関係者の家譜（家系の記録）によって、事件の存在がかろうじて明らかになっているだけです。

平敷屋朝敏は、遊女・吉屋《よしや》チルーの物語である『苔の下』や、都落ちの体験を綴った『貧家記』などの和文学を著し、現在にも伝わる組踊『手水の縁』の台本も書いた才人でした（『手水の縁』の作者は別人という説もあります）。農民に温かい視線を持った人物であったとも伝えられています。平敷屋朝敏は、まだ三十五歳の若さでした。

同年、組踊を創始した玉城朝薫と、蔡温の偉大な先輩であった「名護聖人」こと程順則《ていじゅんそく》も、生涯を終えています。

ひとつの時代が終わったと言える一七三四年は、蔡温にとっても琉球王国にとっても、忘れられない年だったでしょう。

しかし、琉球王国の「蔡温時代」は、むしろここから本格的に始まることになります。

羽地大川の大改修

平敷屋・友寄事件の翌一七三五年、蔡温は羽地大川《はねじおおかわ》の改修を命じられます。

現在の名護市にある羽地大川の流域は、「羽地ターブックヮ（田袋）」と呼ばれる琉球屈指の穀倉地帯でした。しかし、同時にこの川は、たびたび氾濫して農民を苦しめる暴れ川でもありました。この年、台風による氾濫で流域の水田が壊滅し、現地から救援を求める知らせが届きました。ここから改修工事の完了までの一部始終は、『羽地大川修補日記《はねじおおかわしゅうほにっき》』という史料に記録されています。

蔡温は羽地大川まで赴き、治水工事の陣頭指揮をとりました。蔡温が派遣されたのは、「水道《みずみち》の法」を熟知していたから、つまり治水の知識があったからです。「水道の法」は風水にもとづくものでした。

改修工事は、羽地間切のみならず国頭全域から、のべ十万人以上もの人夫を動員する大規模なものになります。単に堤防を修築するのではなく、川筋ごと変えてしまう大工事でした。河川が氾濫するのは、氾濫しやすい川筋だからだ、と蔡温は考えたのです。大まかな方針は、次のように決められました。

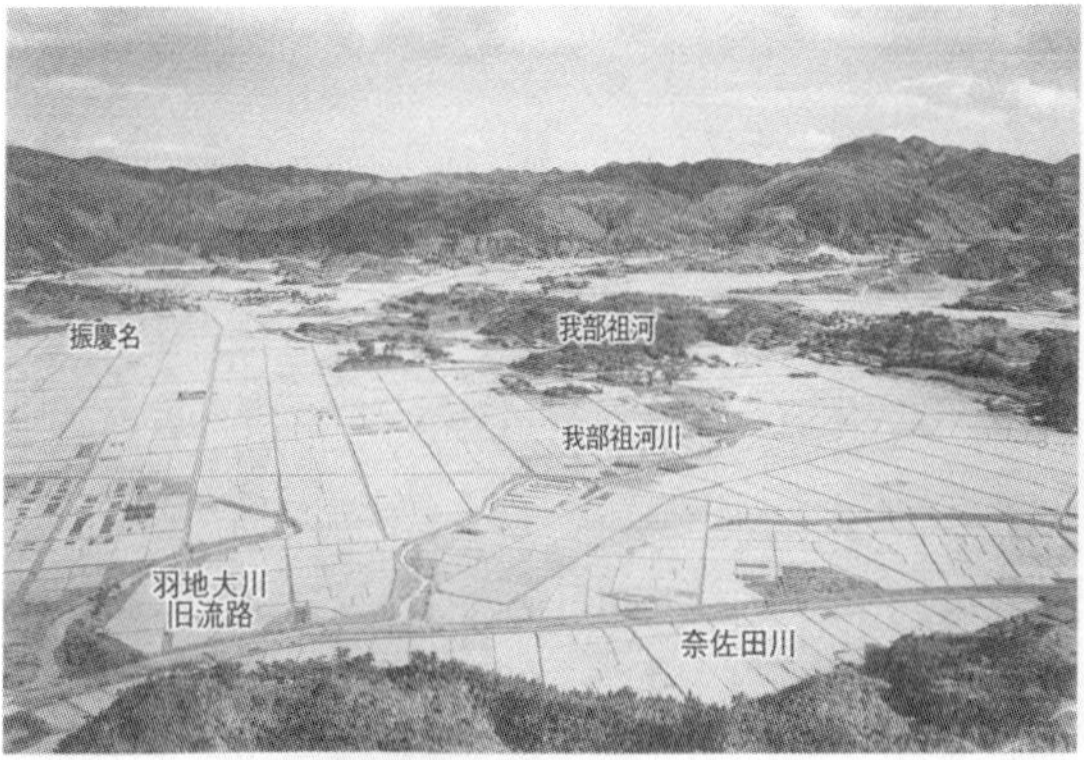

羽地ターブックヮ全景（1950年代）。写真左下の「羽地大川旧流路」は、蔡温の改修による川筋です。（名護市教育委員会『名護市史・資料編 文献資料Ⅰ羽地大川補修日記』キーストンスタジオ提供写真より）

・危険な角度の蛇行を安全な角度に修正する。
・我部祖《がぶそ》河《か》川への合流を埋め立てて分断し、新たな流路を掘りなおす（合流によって水勢が強まっていたため）。

蔡温は現地到着から一週間のあいだに、流域を測量し、絵図面を作成し、工法を決定し、新しい川筋を決めて目印を立て、人夫動員・資材調達の計画を策定しました。十日目には早くも工事に着工しています。手際がよすぎるように思えますが、蔡温にはかねてから羽地大川改修の構想があったのかもしれません。

改修工事は大きな計算違いもなく、雨の日にはきちんと休みつつ、わずか三か月で竣工しました。三か月という期間は、農繁期（田植えの時期）までのタイムリミットです。このとき、川

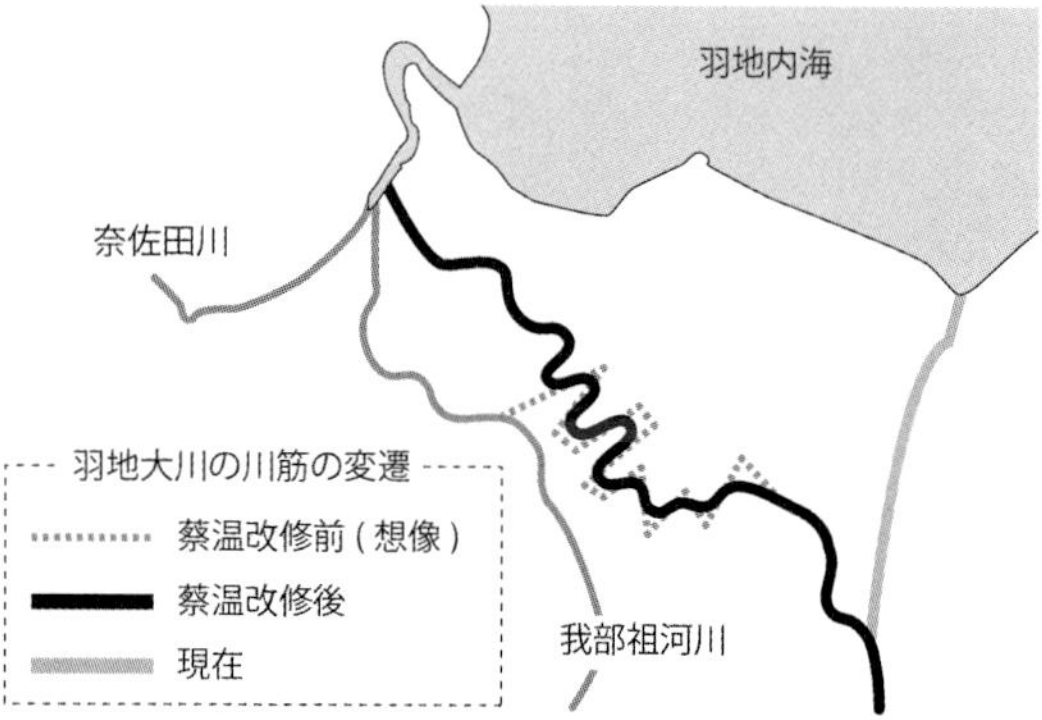

羽地大川改修・略図。蔡温による改修前の川筋は不明ですが、おそらく、角の多い流れだったと思われます。蔡温は『順流真秘』のなかで、川筋が角になっていると破損しやすいため、曲線に変えなければならないという意味のことを記しています。

筋を改修しただけでなく、灌漑用の用水路を掘り、交通の便のため四か所に石橋を造っています。

蔡温の治水の特徴は、新しい川筋をわざと蛇行させていることです。水勢を弱めるための措置ですが、蛇行の角度を決める際にも風水の知識が応用されています。

このような「水道の法」を実地で蔡温から習得するため、改修工事には、特別に五名のスタッフが同行していました。彼らは羽地大川の改修が竣工した後、全国に散って河川改修を指導することになります。

この五名のほかにも、スタッフの中には、後に蔡温の森林政策の重要スタッフになり、蔡温とともに山野を駆けまわる人物の名も見

明治期の羽地大川。蔡温による改修の特徴である蛇行の繰り返しがわかる貴重な写真。人類学者・鳥居龍蔵が1904（明治37）年の沖縄調査で撮影したものと考えられます。（東京大学総合研究博物館提供）

えます。羽地大川改修工事は、「チーム蔡温」の最初の大仕事だったようです。

じつは、羽地大川という名称は、この改修工事が完了したときに名付けられたものです。それ以前は大浦川《おおうらがわ》という名称でした。

なお、現在の羽地大川の川筋は、昭和初期の工事で大幅に変更されたものです。蔡温の改修によってつくられた川筋は、現在、我部祖河川に並行して流れる小さな用水路に、わずかな名残をとどめています。

森林育成政策（杣山《そまやま》政策）

羽地大川改修の翌年から、蔡温は森林育成政策に取りかかります。

五か月にわたって沖縄島の山林を視察した蔡

温は、中頭地方の山林がほとんど禿山《はげやま》になっており、国頭地方の山林も荒廃が激しいと語っています。これは、人口の増加や馬艦船《マーランせん》（中型帆船）の建造ラッシュ、さらには、羽地朝秀による仕明《しあけ》政策や製糖業の拡大などがもたらした負の側面でした。

蔡温が森林育成を推進したのは、今日でいうエコロジーの概念よりも、もっと身近な経済的危機感にもとづくものでした。森林が枯渇することは、木材が枯渇することです。当時、木材がどれほど重要な資源であったかは、蔡温自身が著書『山林真秘《さんりんしんぴ》』の冒頭で明確に述べています。

「木材は、人間生活のあらゆる面において決して欠かせないものである。人の生活はすべて木材の力に頼っているのだから、山林をしっかりと管理しなければならない。もし木材がなくなれば、農具も作れず、家屋も建てられず、衣服を織るための織機も作れず、陶業や鋳造業に必要な燃料もとれず、船も造れない。そのほか、あらゆる面で木材は必要不可欠である」

蔡温が初めて渡唐した頃、首里城が全焼する事故がありました。そのとき、再建に必要な木材を薩摩から譲り受けなければならなかったほど、琉球の木材は不足していました。

木材の購入費用や薩摩からの輸送料は、ただでさえ財政難の王府には過重な負担です。

蔡温は、琉球の山林を回復させることにより、木材の自給自足体制を整えようとしたのです（『植林』の発想自体は、日本からの影響があるとも指摘されています）。

山林の視察から帰った後、摂政・三司官の連名で、『杣山法式帳《そまやまほうしきちょう》』『山奉行所規模帳《やまぶぎょうしょきもちょう》』が発布されます。

『杣山法式帳』は、林学の教科書のようなものです。杣山《そまやま》とは国有林のことで、許可を得れば、住民もそこで木材や薪炭を採れました。当時の山林の大部分は杣山で、琉球の主要な木材供給地でした。そのため、蔡温の山林政策は「杣山《そまやま》政策」とも呼ばれます。

もうひとつの『山奉行所規模帳』は、森林行政の基本方針を定めたものです。

この二つを含め、蔡温時代には七つの森林法令が発布されました。これと明治時代に発布された一つの法令を合わせたものが、後に『林政八書《りんせいはっしょ》』としてまとめられ、今日まで伝わっています。

蔡温の山林育成の特徴は、土地の滋養よりも山地の形状を重視していたことです。

琉球で森林を育成する際、もっとも脅威となるのが台風です。蔡温は、森林の育成地は風除けの山に囲まれている必要があると考えました。このような地形を、蔡温は「抱護」と呼んでいます。「抱護」が足りない土地では、まず防風林を仕立ててから植林を始めるようにとも指示しています。このような山林育成方法は、風水の知識を琉球の自然環境に合わせて応用したものでした。

あわせて蔡温は、将来にわたって山林が維持されるよう、山林の管理体制を整備しています。山林管理の法令をつくり、山奉行所に山林の管理を統括させました。また、集落と山林育成地の境界を明確にし、その山林の管理に責任を持つ集落を確定しています。山林（杣山）育成政策は、蔡温の数多い施策の中でも、今日、特に高く評価されています。特徴的なのは、歴史学だけでなく、林学や環境学の分野からも関心を寄せられていることです。自然環境の保護が緊急の課題となった今日だからこそ、蔡温の山林政策が見直されているのでしょう。

なお、国頭村には、当時植えられたと伝わる「蔡温松」の並木が残っています。

国土再編と乾隆検地

蔡温は琉球の生産力を上げるため、国土を効率的に利用できるよう再編しました。これらは集落の移動・新設をともなう大規模なもので、前述の河川改修や山林政策とも関連しています。たとえば、林野育成に適した土地に集落があればこれを移動させたり、河川改修によって新たにつくられた耕地のために新村をつくるということが行われました。

沖縄の各地に見られる碁盤目状の集落は、この時代からつくられ始めたものと考えられています。このような集落の特徴は、集落内の道がやや湾曲していることです。これは、直線の道は「気」をすぐに流出させてしまうという、風水の観点によるものです。新村を設立する際は、必ず久米村の風水見《フンシミー》（風水師）が土地の診断にあたりました。

備瀬のフクギ並木

本部町の備瀬《びせ》は、この時代の集落の特徴をよく残していると言われます。有名なフクギ並木は、集落の「抱護」の役割です。湾曲した道とフクギ並木によって、集落を吹き抜ける強風が和らげられています。

沖縄の海浜に見られるアダン林も、沿岸に移動した集落や、海岸低地に開いた耕地を「抱護」するために植樹されたものです。沿岸の砂地は耕地に適さないため住宅地になり、海岸の低地にも河川改修によって農業用水が確保できるようになったため、新たな耕地が開かれました。

集落の移動は羽地朝秀の時代からすでに行われていましたが、蔡温の山林政策や河川改修により、それが加速したようです。八重山民謡「ツンダラ節」で有名な、黒島からの分村による石垣島野底《のそこ》村の新設は、蔡温の三司官就任から四年後の出来事です（この分村の経緯はやや複雑で、黒島の農民が石垣島の耕地に通うための船の増設を求めたところ、王府から『それならばいっそ移住せよ』という命令が下されたというものです）。

蔡温の政策として最も大掛かりだったものは、これらの国土再編と並行して行われた「乾隆検地《けんりゅうけんち》」です。元文《げんぶん》検地の名でも知られており、乾隆は中国年号、元文は日本年号です。琉球では中国年号を使用していたため、近年は乾隆検地と呼ばれることが多くなっています。当時の史料では「大御支配《おおごしはい》」と呼ばれています。

乾隆検地の目的は、羽地朝秀による仕明《しあけ》政策や、蔡温によって再編された国土の利用状況を、正確に把握するためだったと考えられます。さらには、地割制度（耕地の良し悪しによる不公平がないよう、数年ごとに農民への耕地の割りあてを替える制度）を廃止し、耕地を永久に割り付けることまで目指していたようです。言いかえれば、地割を行わなくても済むよう、公平に耕地を配分することが目指されていたのです。

しかし、そこまでは実現できなかったらしく、さらには、作成された検地帳（竿入帳《さおいれちょう》）は、後の租税の徴収になぜか使用されませんでした。そのため、乾隆検地は「失敗に終わった」という評価もされています。

なお、琉球の測量技術は非常に高く、近世期に作成された絵地図は、現在の地図とほとんど誤差がないそうです。このとき測量の基準（図根点）として設置されたのが、今日でもときどき発見される「印部石《シルビイシ》（原石《ハルイシ》）」です。印部石が設置された目的は、長い年月が経って村の境界などがわからなくなったとき、印部石を基準にして測量しなおすことで、正確な境界を割り出せるというものでした。

幻の名護遷都論

正史には記されていませんが、この時代に、王都を首里から名護に移転し、本部半島に運河を開削すべしという激しい議論があったようです（名護遷都・運河開削論争）運河開削論は、北方（薩摩や国頭）から那覇まで往来する船が本部半島を迂回せずにすむよう、半島の付け根に運河を通すというものです。

名護市の「ヒンプンガジュマル」の根元に三府龍脈碑（復元）があります（撮影：2010年5月）

この論争を伝えているのは、名護市のヒンプンガジュマルの根元に建つ「三府龍脈碑《さんぷりゅうみゃくひ》」です。三府とは、「北山（国頭）府」「中山（中頭）府」「南山（島尻）府」のことで、つまりは琉球のことです。

碑文は蔡温の名で刻まれています。内容は、「名護遷都論も、運河開削論も、もってのほかである」というものです。その論拠として、首里が風水上もっとも王都に適していること、本部半島に運河を開くと龍脈（気の流れ）が切断されること、が述べられています。（『三府龍脈碑記』の全文訳は191ページにあります）

この論争については、名護遷都論を唱えていたのがじつは蔡温自身で、碑文は論争に破れた蔡温の詫び証文であるとも言われてきましたが、現在では否定されています。

晩年

乾隆検地が完了した一七五一年、蔡温を生涯にわたり信頼し続けた尚敬王が薨去しました。五十二歳での死は早いようですが、代々短命の人物が多い琉球国王としては、じつはどちらかというと長く生きたほうです。第二尚氏王朝には十九代の王がいますが（尚敬王は十三代目）、八番目の長命であり、在位三十九年は歴代四番目の長さです。

有能な臣下を警戒するあまり、失脚させたり粛清したりして国政を誤った君主の例は、歴史上、枚挙に暇がありません。しかし、尚敬王の蔡温への態度は、それとは無縁のものでした。この点だけでも、尚敬王は名君と呼ばれるに値するでしょう。

尚敬王の死の翌年、蔡温は三司官を辞任します。すでに七十一歳になっていました。彼の三司官在任期間も、およそ二十五年もの長きに渡っています。三司官を辞任した後も、蔡温は相談役のような形で王府政治にかかわることになりました。

蔡温の最後の大仕事となったのは、新王尚穆《しょうぼく》の冊封です。このとき、蔡温は七十五歳。その際の功績により、蔡温の位階を親方から按司《あじ》に昇格させるという話があったと伝えられています。しかし、王族以外に按司となった前例が薩摩侵攻後は皆無であるという理由で、立ち消えになったようです。

尚穆王の冊封を見届けた蔡温は、隠居を願い出て、長男の蔡翼に家督を譲りました。蔡温の死は、一七六一年の一二月二九日。八十歳の長寿でした。尚穆王と国母(尚敬王妃)は、その日のうちに蔡温宅を訪れ、弔意を表しました。

蔡温の人間像

羽地朝秀と蔡温、二つの個性

琉球王国で最も偉大な政治家と呼ばれる蔡温ですが、彼には羽地朝秀という大先輩がいました。卓越した指導力で政治改革を牽引した二人ですが、今日に残されたその言葉からは、両者の個性はずいぶん違ったものに見えます。

羽地朝秀の言葉は、『羽地仕置《はねじしおき》』（羽地の布達文書集）として残されています。そこには、ひどく孤独な為政者の姿が見えます。いわく、「一連の政治改革は、はばかりながら私ひとりの力によるものだと思う」「私の理解者は北方（薩摩）に一人か二人いるだけだ」。

羽地朝秀は、蔡温と同様、あるいはそれ以上に、優れた論理性を持った政治家でした。しかし、みずからの主張を語るとき、蔡温には執拗なほど論理によって説得しようとする傾向が見られるのに対し、羽地には、「これだけ説明してもわからない奴は、もう知らん」とでもいうような、どこか突き放したところが感じられます。それが端的に表れているのは、『羽地仕置』における有名な次の一節です。

「私のやりかたに文句のある者がいたら、この羽地が相手になってやろう。国のためなら、この身などすこしも惜しくはない」

これは、「文句は言わせない!」と同義と考えてさしつかえないでしょう。このような啖呵を切れば、反感を買ったであろうことは容易に想像できます。しかし、おそらく羽地は、それ以上に畏《おそ》れられたでしょう。羽地自身のカリスマ性も当然あると思いますが、羽地は摂政・三司官を何人も輩出した「超」名門の出身でもありました。有無を言わせない家柄の力があったのです。

それに対し、蔡温は久米村出身の「成り上がり」でした。久米村の士族は、本来、三司官にはなれません。ただでさえ反感を買いやすい立場だった蔡温が、もしも羽地と同じ態度を取ったら、たちまち人望を失ったはずです。そうならないために蔡温は、とことんまで論理を尽くして相手を説得する道を選んだのではないでしょうか。少なくとも、「あいつは気に喰わないが、言っていることは正しい」と認めさせる程度には。

さらに見逃せないのは、蔡温は論理に長けていただけでなく、大変な行動力を持っていたことです。三司官という要職にありながら、蔡温はたびたび首里を飛び出し、山野を歩きまわって実地踏査にあたっています。最後の山林巡視のときは六十六歳にもなっており、沖縄島最北端の辺戸岬まで踏破しています。羽地大川の改修工事でもみずから陣頭指揮をとったのは、前述のとおりです。三司官在任中の二十五年間、蔡温が首里を留守にした期間は、合計で二年半にもなります。

卓越した論理性と、それ以上の行動力を示すことによって、蔡温は信頼を勝ち得ていったはずです。そもそも三司官職は、高位の士族による選挙制でした。まったく人望のない者が就任するのは困難です。少なくとも、首里王府内に「蔡温派閥」ともいうべき支持勢力はあったでしょう。

蔡温は、何もかも自分一人でやろうとするのではなく、河川改修や山林政策を担うスタッフにみずからの知識を伝授し、懸命に育てることもしています。蔡温は改革者であっても独裁者ではなく、おそらくワンマン型の政治家ですらなかったように思います。

八十歳の長寿を全うした蔡温は、晩年には「生きる伝説」のように思われていたらしいことが、彼の著作からうかがえます。蔡温が『自叙伝』でみじめな少年期を赤裸々に告白したのは、そんな風潮を懸念してのことだったかもしれません。

蔡温の妻子

蔡温の妻子について触れておきたいと思います。蔡温は家譜が残っているので、家族関係も比較的よくわかっています。

蔡温は、三度結婚しました。一度目は離婚、二度目は死別、三度目は生涯を添いとげています。それぞれの結婚の時期は正確にはわかりませんが、三度目の結婚も二十代のうちのようです。側室はいませんでした。

最初の妻は、蔡氏・思戸金《ウミトガニ》。蔡氏といっても、那覇士族の娘なので、蔡温と同門ではありません。離婚の原因は不明です。

二人目の妻は、泊士族の相氏の娘、眞如姑樽《マニクダル》。十八歳という若さで病死しました。後年、蔡温は今帰仁の上運天村に亡妻の実家を訪ね、妻の死が「百年の愁いを残した」と漢詩に詠んでいます（ちなみに、蔡温の漢詩はあまり上手ではないと言われています）。

三人目の妻は、首里士族の向氏前川親方朝年の娘、眞松金《ママツカニ》。眞松金の母方の祖父は、琉球古典音楽「湛水流《たんすいりゅう》」の祖として有名な湛水親方です。蔡温の後を追うように、夫の死のわずか二か月半後、七十八歳で亡くなりました（蔡温の家譜には享年が「八十二」と記載されていますが、生没年から計算すると七十八歳）。

子どもは、眞松金との間にだけ生まれています。最初に生まれた男児は、生後すぐに亡くなってしまいます。それを悲しんだ蔡温は、たまたま知人の家で生まれたばかりの女児を養子にもらいました。名は蔡温の母親と同じ、真呉瑞《マゴゼイ》です。蔡温は真呉瑞の成長を見届け、自分の娘として嫁に送り出しました。

跡取りとなる蔡翼が生まれたのは、真呉瑞を養女にした後のことです。蔡翼は、尚敬王の娘(つまり王女)と結婚しました。よりによって「平敷屋・友寄事件」という凄惨な事件の直後に結婚式を挙げていることが、奇妙といえば奇妙なところです。

蔡翼は、成長して父親の山林政策の一角を担うことになったようです。『林政八書』の中には、蔡翼と思しき「浜川親雲上」の署名が見られる法令もあります。

伊波普猷が『琉球の五偉人』で伝えるところによると、蔡翼は後に三司官に選抜されるまでに出世しました。事実であれば、「偉人の子は凡人」という、ありがちな経験則には当てはまらない人物だったようです。しかし、薩摩から就任の許可が下りる前に、死去したとのことです。

蔡温の著作について

さまざまな著作

本書の冒頭で触れたように、琉球王朝時代の人物としては、蔡温は突出して多くの著作を残しました。これまでにわかっている範囲では、単独の編著だけで十六編、「御教条《ごきょうじょう》」や「農務帳《のうむちょう》」のように摂政・三司官の連名で出された文書を含めれば、さらに多くなります。

著作の内容をいくつか挙げてみると、次のようになります。


『要務彙編《ようむいへん》』……尚敬王の勉強用に先哲の言葉を集めたもの。

『平時家内物語《へいじかないものがたり》』……領民に生活上の心得を説いたもの。

『簑翁片言《さおうへんげん》』……自己の哲学を問答形式で綴ったもの。

『醒夢要論《せいむようろん》』……俗信を批判するもの（『簑翁片言』の内容を一人称に直したものが多い）。

『図治要伝《とちようでん》』……政治哲学を語ったもの。

『山林真秘《さんりんしんぴ》』……山林育成の指南書。「真秘」は「科学」と訳される。

『順流真秘』……治水の指南書。要約のみ今日に伝わる。
『実学真秘』……蔡温哲学の真髄を語ったものとされ、尚敬王に献じたという。散逸して内容不詳。

このように、抽象的なものから実用的なものまで、さまざまなラインナップになっています。蔡温は政治家であるだけでなく、哲学者であり、技術者でもあったと評されますが、その理由がここからもわかります。

これらの著作の中から、本書では、『自叙伝』と『独物語《ひとりものがたり》』を全訳しています。それぞれの内容について、次に解説します。

『自叙伝』について

蔡温の『自叙伝』では、跡取りになれなかった顛末、「落ちこぼれ」から立ち直った少年時代、隠者との出会い、そして評価事件《ハンガー》という、四つのエピソードが重点的に語られています。三司官時代のことは、まったく書かれていません。みごとにスルーされています。

長男に家督を譲って隠居した記述を最後に、『自叙伝』は終わっています。蔡温の隠居は七十六歳のときのことなので、すこしずつ書きためていたとしても、書き終えたのはそれ以降であることがわかります。蔡温は八十歳で世を去っていますから、晩年の著作です。『自叙伝』は、単なる回想録ではありません。蔡温の密度の濃い人生から、先に挙げた四つのエピソードが特に選ばれたということは、そこに何らかの狙いがあるはずです。

四つのエピソードから読み取れるのは、次の三つのメッセージです。

・儒教道徳を貴ぶべきこと（家統を絶やさないこと）
・他人より才能が劣っていても、努力しだいでそれなりの人物になれること（努力を怠ってはならないこと）
・琉球にとって外交は命綱であること

これらは、蔡温が他の著作でもたびたび語っていることです。ここから逆算すると、『自叙伝』は士族一般に読まれることを意識していたと考えられます。

もっとも、このように分析することはできますが、純粋に一編の読み物としても十分におもしろいものです。楽しんでお読みいただくのが一番だと思います。

なお、原文は「候文《そうろうぶん》」で書かれています。「〜御座候《ござそうろう》」という、時代劇によく出てくる文体です。

また、原文では節立《せつ》てされていませんが、本書では、読みやすさを考えて九節に分け、それぞれ見出しを立てています。

『独物語《ひとりものがたり》』について

タイトルから誤解されそうですが、『独物語』は小説ではありません。蔡温が後輩のために書き残した、王府政治のマニュアルです。

タイトルの意味は、「独《ひと》りで物語《ものがた》る」、つまり「ひとりごと」とでもなるでしょうか。「ひとりごとだから、読んでも読まなくてもいい」という姿勢を装いつつ、内容からは「絶対に読め！」という強烈なプレッシャーが感じられます。

『独物語』には、政務に携わる者の心がまえから、山林政策・海事政策などの具体的な施策まで、非常に説得力のある文章でつづられています。蔡温政治や、当時の琉球の状況がうかがえる一級史料でもあります。

『独物語』が書かれたのは、蔡温が六十九歳の頃と推定されています。島袋全発編「蔡温年譜」によれば、その年の五月から尚敬王は病に陥り、翌年に薨去しています。

蔡温は尚敬王薨去の翌年に三司官を辞任しました。王の死を予感し、すでに引退を決意して書きはじめた著作だとすると、壮絶なものがあります。『独物語』は、琉球王国に一時代を築いた政治家による、後輩達への遺言でした。

原文は『自叙伝』と同じく候文です。ただ、儒学の用語が多く、蔡温の造語らしき言葉も見られるうえ、ある程度の歴史知識を必要とする記述も少なくありません。そこで本書では、わかりやすさを重視し、思いきって「超訳」しました。『独物語』の原文を読んだことのある方はびっくりされるかもしれませんが、できるかぎり近年の研究成果を踏まえたうえで、通常の訳出以上に蔡温の意図を伝えるものになったと思っています。

「蔡温、かく語りき」について

本書の最終章では、蔡温の著作の中からさまざまな言葉を集めて紹介しています。蔡温の国家観、人生観、仕事への意識などを語った言葉から、特に思想や人間性が表れているものを選んだつもりです。

なお、『簑翁片言』という著作に顕著ですが、蔡温が仏教を批判しているものがあります。これは、蔡温が儒学を至高のものと認識していたからです。

もっとも蔡温は、儒学者としては仏教思想に比較的寛容でした。それは、「仏教も修身を教えている点では儒学と変わらず、儒学とは方法が違うだけだ（方法が違うところが問題ではあるが）」というほどの認識だったからです。

それでは次章から、蔡温が綴った言葉の現代語訳に入ります。

なお、本書の訳は、崎浜秀明編『蔡温全集』を底本にしつつ、適宜、沖縄歴史研究会編『蔡温選集』を参照したものです。

『自叙伝』全訳——落ちこぼれから三司官へ

間の悪い誕生

　父・蔡公（蔡鐸《さいたく》）は十七歳、母・葉氏（真呉瑞《マゴゼイ》）は十六歳で夫婦になった。蔡公が二十一歳、葉氏が二十歳のとき、女子が生まれる。しかしその後、夫婦は三十余歳になるまで子を授からなかった。

　葉氏は考えて、蔡公におっしゃった。

「男子こそが祖先の血筋を継ぐべきですが、私たちは男子に恵まれません。側室を迎えて、男子を産ませてください。その子を私にくだされば、祖先の血筋を永く保てます」

　蔡公はお答えになった。

「私たちは、幸いにも女子一人に恵まれたではないか。国吉親雲上《くによしペーチン》とすでに約束して、彼の次男である国吉秀才《くによしスウチェ》を婿にもらうことになっている。縁組をしたら、養子にすることを王府にお許しいただくつもりだ。国吉秀才は、生来、聡明で誠実な人物なので、優れた後継ぎになるだろう。だから、後継ぎについては心配しなくてよい」

蔡公はそのように妻に言い聞かせなさった。なお、国吉秀才は後の仲地親雲上《なかちペーチン》*1である。

だが、葉氏は納得しなかった。側室を迎えて男子をもうけるよう、その後も数十度にわたって蔡公にすすめたのである。

蔡公としては、十余年間も子を授からなかったのは、定めし天命であろうとお考えであった。しかし、どうにも妻の意志を押しとどめられないうえ、側室を迎えるようたびたびすすめるその志も、このうえなく健気に思われたのである。

蔡公は妻を安心させるため、「側室を迎えよう。それでも男子が生まれなければ、そのとき婿養子をもらおう」と、葉氏に存念をお伝えになったのだった。

葉氏はたいそう喜び、領地の志多伯村へ赴いた。そこで神谷親雲上《かみやペーチン》を訪ね、彼の娘である玉津《たまつ》を側室に迎えたいと、詳しく話して聞かせた。*2

神谷親雲上夫婦が答えるには、「側室は苦労が多く、将来が不安なので、この話はお断りしたい」とのことであった。

葉氏はおっしゃった。

「お前たちは、じつに愚かなことを言うものです。側室が苦労するのは、正室が嫉妬して辛くあたるからでしょう。正室の私がこうして約束しているのに、何を心配することがありますか」

葉氏が再三にわたって説得したので、神谷親雲上夫婦もついに了承した。葉氏は帰って、蔡公にこのことをご報告した。

こうして、蔡公は玉津を側室に迎えた。蔡公が三十七歳のときには、玉津が男子を出産する。

葉氏はさっそく乳母を探し、その子を養育された。男子は、童名を次良《ジラー》、唐名を淵《えん》とされた[*3]。

ところが、蔡公が三十九歳、葉氏が三十八歳のとき、葉氏もまた男子を出産したのである。男子は童名を蒲戸《カマド》、唐名を温《おん》とされた。

蔡公はお考えになった。

「やむなく側室を置いて次良を産ませたのは、正室に男子がいなかったからだ。しかし、もはや正室の子である蒲戸が産まれたのだから、次良は東竜寺の盛海座主《せいかいざす》の弟子にしよう」

蔡公は、盛海座主にその約束もなさったのだった。

さて、次良が九歳、蒲戸が七歳のとき、蔡公は進貢正議大夫《せいぎたいふ》（進貢副使）に任命された。渡唐する前に、蔡公は、次良と蒲戸にそれぞれ別の物をお与えになった。次良には、王子から親雲上までを網羅した人名集一冊に、米・銭・野菜・衣服・各種道具などを記した名集一冊。蒲戸には、『三字経《さんじきょう》』＊4一冊である。

唐船が船出した後、葉氏は推量された。

「蔡公が男子二人に別々の物をお与えになったのは、将来、次良には筆算奉公をさせるおつもりだからであろう。しかし、男子二人に恵まれたということは、たとえ一人が短命でも、もう一人によって先祖の血筋を保てるということではないか」

そうお考えになった葉氏は、二人に同じように『三字経』を読ませたのであった。

やがて蔡公が帰国されると、葉氏は思うところを委細申し上げた。

蔡公はおっしゃった。

「お前は女の身で、道理がわからぬからそのようなことを言うのだ。正室の子を次男とし、側室の子を嫡子に立てる道理があるものか。二度とそのようなことを言ってはならぬ」

葉氏もおっしゃった。

「それは私も承知しております。しかし、もはや歳も五十に近くなり、新たに子を産むことは望めません。幸いにも男子二人に恵まれたのです。二人いれば、たとえ一人が不幸にして短命に終わろうとも、もう一人によって先祖の血筋が保てるではありませんか」

このように夫婦がずっと張りあっていたので、このことは世間にも知られるようになった。さらには、尚貞王様と側近の皆様のお耳にまで入ったのである。

皆様が仰せられるには、「婦女の振舞いとしては前代未聞で、たいへん珍しい。葉氏の考えに任せて、将来どうなるか見てみたいものだ」とのことであった。

蔡公は、尚貞王様と側近の皆様がそのように話されていることを承知され、ついに、葉氏の願いどおり側室の子を嫡子とされたのであった。[*5]

*1　仲地親雲上得済（一六六五年〜一七〇一年）は、久米村の士族で、唐名を梁津（もとは梁漢）といいます。婿養子にはなりませんでしたが、蔡鐸の娘・真加戸樽（梁津の家譜に記載の名。蔡温の家譜での名は『思津奴』）と結婚しました。じつは、梁氏出身の蔡鐸とは血縁関係にあり、蔡鐸は大叔父にあたります。

*2　神谷親雲上は、正確には神谷筑登之《チクドゥン》親雲上。士族には、高位の家格である「里之子筋目《サトヌシすじめ》」と、それ以外の「筑登之筋目《チクドゥンすじめ》」がありました。また、神谷親雲上の娘・玉津は、蔡温の家譜では「眞多満」という名で記されています。

＊3　蔡温の異母兄・蔡淵（一六八〇年～一七三八年）は、字が徳生、号が潜庵。後に志多伯家を継ぎ、久米村総役にも選出されました。能書家だったらしく、若き日に土佐藩に漂着し、そこで多くの書を残したというエピソードがあります。尚敬王の冊封副使である徐葆光《じょほこう》は、蔡温に贈った詩の中で、蔡淵・蔡温兄弟を「塤篪《けんち》」（仲の良い兄弟のたとえ）と讃えています（もっとも、徐葆光は蔡淵を『弟』と記しており、兄弟順を勘違いしていた節があります）。

＊4　『三字経』とは、中国の歴史・地理・道徳などを三字一句の文章で記した、児童向けの教材。中国宋代の王応麟《おうおうりん》の作。

＊5　この「夫婦喧嘩」は、なんと王府の正史『球陽』にも記載されています。尚貞王《しょうていおう》十四年の記事に、「蔡鐸の妻、葉氏真呉勢が、しばしば夫に側室を求めるよう勧める」とあります。また、このエピソードは蔡温の家譜でも紹介されており、その末尾には、「庶子が家督を奪ったと後世に誤解させぬため、そして、母・葉氏の貞順の徳を後世に伝えるため、このことを記した」とあります。（父・蔡鐸の家譜にも同様の記載あり）

落ちこぼれの少年時代

次良《ジラー》（蔡淵）と蒲戸《カマド》（蔡温）は同じように読書をするようになったが、次良は聡明なのに、蒲戸は不聡明で、書物を読んでも一行も覚えられなかった。半行ずつ、二十篇か三十篇をようやく読み覚えても、三、四日も経つと忘れてしまうのだった。

蒲戸の従弟に、高良《たから》親雲上《ペーチン》の四男で、同名の蒲戸という者がいた。彼は、すでに四書（『論語』『孟子』『大学』『中庸《ちゅうよう》』）を読了するほど聡明だったので、蒲戸（蔡温）はその者に付いて学問をした。高良家の蒲戸は、後の仲井真親方《なかいまウエーカタ》*6である。

十五歳までに『大学』『中庸』を読み終えた私（蔡温）は、その年の八月に片髪《カタカシラ》を結って元服した。

私は読書師匠（読み方の師匠）を離れ、講談師匠（解釈の師匠）に付いて講談をお聴きすることになった。しかし、師匠が何をおっしゃっているのかまったく理解できず、講談は一句も耳に入ってこなかった。

このように、私は無為に歳月を過ごしていた。

そんな十六歳になった年の八月十五夜、久米村大門前《クニンダウフジョウ》に、大勢の友人たちが月見に集まった。ことのほか晴天で、雲ひとつない明月の夜に、誰もが安らいだ気持ちであった。

その友人たちの中に、町はずれの新参士*7（勲功や献金によって新たに士族となった家柄の者）で、小橋川仁屋《こばしがわニャー》という者がいた。私は彼と口論になり、喧嘩を始めたのだった。

小橋川が言った。

「今夜は明月で、士《サムレー》が集まって心を休めているのだ。士でもないお前がみだりに参加するな。さっさと立ち去れ」

私は怒気が起こった。

「お前は新参士ではないか。真の士ではない。お前こそ立ち去れ」

このように言い返すと、小橋川は言った。

「家格の軽重など問題ではない。士とは、よく学問をたしなむ者のことをいうのだ。お前は一句一行も書物を読み覚えられないばかりか、ようやく覚えたはずの『大学』『中庸』まで忘れている。運良く親方の家に生まれたおかげで贅沢な衣装を着ているが、中身は百姓の子と変わらぬではないか。我々はよく読書をして師匠におほめいただいているが、お

久米村大門跡地（那覇市久米１丁目）。久米村は風水により竜身になぞらえられ、入口にあたる久米村大門は竜の頭にあたるとされました

前は一度でもおほめいただいたことがあるのか」

小橋川は手を打って笑い、ほかの友人たちも笑って見ていた。

私は激しくしゃくりあげながら屋敷に帰り、庭の縁で、夜明けまで声をあげて泣きとおしたのだった。

それから私は、遊び歩くのをやめた。

九月から十月の間はずっと思い悩んでいたが、他人のように書物を読み覚えられないので、従弟である高良家の蒲戸に相談した。

「面倒をかけるが、私に書物を読み覚えさせてほしい」

このように頼みこんだのである。

また従兄に国吉通事という人がいたので、

この人には、一句ずつ講談を教えてもらうよう何度も頼んだ。[*8]

こうして両人ともうけあってくれたので、私はさっそく始めることにした。

間もなく年が明けて、私は十七歳になり、その一年は読書に精を入れた。初めは一句か二句ずつ講談を聴いていたが、九月頃から易しく思えるようになったので、半枚分ずつ聴くことにした。

十八歳からは四、五枚の講談も自由に聴き覚え、十九歳からは未見の書物も読めるようになった。二十歳からは過半の書物を読破した。

二十一歳のとき、黄鉢巻（親雲上位の黄冠）とともに、読書師匠役を命じられた。二十五歳のときには、講談師匠役を命じられた。

＊6　仲井真親方（一六八三年～一七五〇年）は、唐名を蔡文河《さいぶんが》、字を天津《てんしん》。蔡温より一歳年少で、五人兄弟の四男です。長兄には、『四本堂家礼』（当時の礼式ガイドブック）を著した蔡文溥《さいぶんぷ》がいます。父は蔡応瑞《さいおうずい》で、「富盛の石彫大獅子」を作らせた風水師として有名です。

＊7　近世琉球の士族は、尚寧王代以前から王府に仕えていた「譜代《ふだい》」と、それ以外の「新参《しんざん》」に分けられていました（蔡氏志多伯家は譜代）。里之子筋目（上位）と筑登之筋目（下位）の別でいえば、譜代の一部だけが里之子筋目で、その他の譜代とすべての新参士は筑登之筋目です。
新参士には、勲功や献金によって士族の家格を得たケースと、「訴後れ《うったえおく》」が認められたケースがあります。「訴後れ」とは、初めて士族が家譜の提出を命じられたとき（一六九〇年）、何らかの事情により提出が間に合わなかった人々が、遅れて家譜を提出することです。家譜を持たなければ士族として認められないため、家譜の提出を遅れて訴える人々が多くいました（正確には、提出した家譜が王府の審査を通り、王府から家譜を〝与えられる〟形になって、初めて士族として認められます）。

「訴後れ」が王府に認められたのは、一七一〇年のことです。蔡温が十五歳のとき（一六九六年）には、まだ「訴後れ」による新参士は存在しないことになります。

なお、後に士族を「系持ち」、百姓身分を「無系」と呼ぶようになるのは、前述のように、系（家譜）を持つか持たないかで身分が分かれたためです。
＊8　国吉通事は、蔡鐸が養子にしようと考えていた国吉秀才（仲地親雲上）と同一人物

です。蔡温の姉と結婚しているので、蔡温にとっては義兄にあたります。三十七歳の若さで死去しました。蔡温に教えを請われたのは、晩年に近い三十四歳のときで、同年には病のため旅役（外交使節としての派遣）を辞退しています。蔡温が「何度も」頼んだのは、病気を理由に最初のうちは断られていたためかもしれません。

謎の隠者

二十七歳のとき、私は進貢存留役《しんこうぞんりゅうやく》（北京には赴かず、福州で琉仮屋に滞在して公務にあたる役）に任命され、渡唐した。翌年、私たちが乗ってきた唐船二隻は帰国し*9、勢頭大夫《せどたいふ》（進貢使）は北京へ赴いたので、私だけが琉仮屋（福州における琉球の滞在施設。柔遠駅《じゅうえんえき》、または琉球館ともいう）に詰めることになった。

七月の、残暑が厳しくなってきた折、私は錦鶏山凌雲寺《きんけいざんりょううんじ》*10の長老（住職の敬称）と心安く付き合うようになった。凌雲寺までは七合（約二・八キロメートル）ばかりだったので、八月

琉仮屋（福州琉球館）跡地にある復元。扁額の「海不揚波」は、「海は波穏やかである」という意味（写真提供　上里隆史氏）

初めに避暑のため凌雲寺を訪ねた。長老がおっしゃった。

「五日前から、〝湖広の人[*11]〟と称する方が、小姓を一人連れて書院に滞在されています。凡庸な人物ではないように見受けられるのですが、私の力では、どれほどの人物なのかを探ることができません。あなたと力を合わせれば探れそうだと思っていたところで、ちょうど良いときに訪ねてくださいました。彼《か》の人は今、書院におられます。二人で対面しましょう」

私も、それは幸運なことだと思って同意した。

さて、書院に行って彼の人と対面したのだが、たいした話をするわけでもなかった。

「蔡公は琉球の人です」と長老が私を紹介すると、彼の人から、琉球はどこにあるのか、何日

金（錦）鶏山。現在は公園になっています（写真提供　林国平氏）

かけて海を渡るのかと尋ねられた。私は、琉球は東南方にあり、順風ならば四、五日の航海であると答えた。その後は何の質問もなく、特別の話もなかった。

夕方になったので暇を乞うたところ、帰りぎわ、長老が門外でおっしゃった。

「今日は初対面で特に話もなかったので、明日、もう一度おいでなさい」

私は答えた。

「彼の人の様子を見ても、さして他人と変わったところがあるようには思えません。再訪して、いたずらに骨折りをする必要があるでしょうか」

だが、長老はしきりに、明日再訪するようにと私に言い聞かせるのであった。

次の日、疑わしく思いながらも凌雲寺を再訪すると、長老は喜んで書院に同道した。

彼の人と対面したところ、今度は琉球国王の姓を尋ねられた。さらに、琉球では聖賢の書などを珍重し、詩文もたしなむのかと尋ねられた。私は、琉球には聖経百家の書がすべてそろっており、詩作も文作もたしなむことは中国とほとんど変わらないと答えた。

その日も夕方になったので帰ることにしたが、長老はまたも門外でおっしゃった。

「今日は、多少の話はありましたが、彼の人の仔細を探りあてるにはまだ足りません。明日またおいでなさい」

私は答えた。

「彼の人は、琉仮屋に招いている師匠たちと同じ程度の人物ではないでしょうか」

しかし長老は、彼の人は古《いにしえ》の隠者にも劣らぬ大人物に思えるので、明日また来るよう、丁寧に私に言い聞かせたのであった。

次の日、私はまたも凌雲寺に赴き、長老とともに書院を訪ねた。

彼の人がおっしゃった。

「この寺は、東方に石鼓山、南方に虎頭山、西方に旗山、北方に蓮華山があり、景勝の地と評判です。この景色を題にした文を一篇、作っていただけませんか」

河口万寿（かこうまんじゅ）橋。渡唐した琉球使節はこのあたりで下船しました。橋名と、琉仮屋に近いことから考えると、万寿庵はこの付近にあったのかもしれません（写真提供　上里隆史氏）

私は喜んで、すぐさま文を作ってお目にかけた。

彼の人はたいそう喜び、さっそく壁に貼り、何度か声に出して読んだ。

「朝夕の楽しみ、これに過ぎるものはありません」

そう喜ぶ彼の人を見て、この人は文作が下手なのだろうと私は思った。

その日も夕方になったので帰ることにすると、長老は門外にて、また明日も来るようにと、何度も何度も私に言い聞かせた。

私は思慮した。

「長老は誠実な人だ。きっと、彼の人の優れたところを見極めたから、このように何度も私に言い聞かせるのだろう」

次の日も私は凌雲寺に行き、長老とともに書院を訪ねた。

彼の人はおっしゃった。

「あなたはいま二十八歳、精いっぱい学問をすべき年頃です。それにもかかわらず、これまで学問らしき学問もせず、書物らしき書物にも無頓着なまま、無為に歳月を送ってこられたようです。誠にもって惜しいことです」

私はこの言葉を聞き、おおいに驚いた。

＊9　蔡温たちを乗せた唐船が、蔡温たち存留役や、北京に赴いた一行を乗せずに帰ってしまうのは、「接貢」という琉球独特の貿易形態があったためです。琉球が清朝から認められていた進貢（および、それにともなう貿易）の回数は、二年に一回（二年一貢）でした。しかし、琉球はいったん進貢船を帰国させ、翌年、進貢使節を迎えにいく名目で「接貢船」を派遣しました。これにより、実質的に毎年の渡唐船派遣を実現していたのです。
＊10　錦鶏山は、現在の福州市にある金鶏山のこと。「湖広の人」が言うとおりの景勝の地で、現在は金鶏山公園という観光地になっています。凌雲寺は現存しないようです。

＊11　湖広とは長江の中流域、現在の湖北省・湖南省・広西省の一帯。当時、「湖広熟すれば天下足る」と称される大穀倉地帯でした。

隠者との問答

「そのお言葉は聞き捨てなりません。私は聖経百家の書を読破しました。ことに昨日は、あなたの御前で、この寺の景色を讃える文も作ってお目にかけたではありませんか。私が学問らしき学問もせず、書物にも無頓着であるとは、どういうことですか」

彼の人は笑った。

「どれほど文作をなさろうと、どれほど書物を読まれようと、あなたのそれは細工人の手仕事も同然。学問とは大違いです。幸い、あなたはまだ少壮の歳《とし》。これからしっかりと学問に精を入れれば、あなた自身はもちろんのこと、きっと主君国家の御ためにもなるでしょう。四書六経のほか、すべての賢伝の書は、心を修め、国を治めることを説いています。

その本質を忘れ、なぐさみがてらに書物を読み、文作に精を入れることは、身を忘れ、国を忘れた行いなのです。むしろ、細工人の手仕事よりはるかに劣ると言えましょう。このことをよくよくお考えなさい」

彼の人は、丁寧に私に言い聞かせなさった。私は、彼の人についての長老の見立ては正しかったと思い、かしこまって黙然としていた。

彼の人はさらにおっしゃった。

「あなたはあらゆる書物を読破したとおっしゃったが、それは文字の糟粕《そうはく》（かす）をなめたにすぎません。その内にある正味を味わっていないのです」

彼の人は、長老に召し使われている童子が学習用の『論語』一巻を持っているのを目にされ、それを手に取っておっしゃった。

「あなたは『論語』をつぶさに読まれましたか」

私は答えた。

「『論語』はもちろん、四書六経すべてをつぶさに読み通しました」

彼の人は『論語』を開き、一章を指した。

「あなたは、この章における文字の正味をご存知でしょうか。〝敬事〟の二字について、正味を解説していただけますか」

「〝敬事〟とは、政治についての教えです。政治を粗雑に行わず、慎重に行うことが、〝事を敬《つつし》む〟ということです」

「慎重に行うとは、どのようにすることですか」

私は答えられなかった。彼の人は笑い、さらにおっしゃった。

「〝人を愛す〟という言葉の意味は何でしょうか」

「正しい道を踏みおこなう人ならば、誰しも、国家の人民を慈愛します。それが〝人を愛す〟ということです」

「慈愛するとは、どのようにすることですか」

私は言葉に詰まり、何も答えられない有様であった。[*12] 私は謹んで申し上げた。

「私は学問の正味をいまだに知りませんでした。その正味を、ひとつ残らずお教えいただきたく存じます」

＊12　「敬事」「愛人」ともに、『論語』の初めのほうに登場する言葉です。巻第一「学而篇」

の五番目にあり、内容は次のとおりです。

「子曰く、千乗の國を導くには、事を敬《つつし》んで信あり、用を節して人を愛し、民を使うに時を以てせよ」

(先生がいわれた。『戦車千台を戦闘に出す中ぐらいの国家で、これを治める心がけというと、まず、政令を発布するにはよほど慎重で、発布した以上、かならず実行すること。次に、政府の費用はできるだけ節約し、人民の身になって考えてやること。最後に、農民を夫役にかり出すには、農繁期をさけて適当の時をえらぶことだ』)。

(貝塚茂樹責任編集『世界の名著3　孔子　孟子』63ページより。中央公論社刊)

隠者の教え

彼の人はおっしゃった。

「私は故郷に老母がいるので、早々に帰らねばならないのです。あなたは福州や近隣の州郡から師を探し、精いっぱい学問をなさるがよろしいでしょう」

　私は、彼の人の前近くに進み出た。

「世間の人々は、書物の糟粕《そうはく》をなめただけで、さも学問をしたかのように思い込んでいます。私自身もそうでしたが、先生の御一言で糟粕と正味の区別を知り、夢から醒めたような心地がしています。これは先生のおかげなのですから、たとえ先生の倍も優れた人がいたとしても、私は先生にこそ教えを請いたいのです。この寺でお目にかかれたことを、運命を決するご縁と信じています。それなのに私を見捨ててご帰郷なさるとは、黙って見過ごせません。ぜひとも数か月はご滞在いただき、ひとつ残らず肝要のことをお教えください」

　私が涙を流して訴えたので、彼の人も感じ入ったのか、「それならば三か月、滞在しましょう」と仰せられた。

　こうして八月から十月まで、学問の正味を修めること、さらに国を治めることについて、すべての極意を教わった。

　十月の末になると、私は折り入ってさらにお引き留めした。彼の人は、老母が待ちかねているとして一度はお断りになったが、私の情実のほどをお感じになったのか、さらに二か月、滞在を延ばされた。

こうして合計五か月間、聖経を比較検討しつつ、人の世における実利実用の道について、有形無形を問わず、すべての極意をご伝授いただいたのである。*13 それだけでなく、儒道と異端の区別まで詳しく教えをたまわったのだった。

十二月二十八日に先生は故郷へお帰りになったが、別れぎわに私の手を握ってこうおっしゃった。

「あなたとの再会は望めず、これまでのお付き合いとなるでしょう。そのため、今のあなたには理解しきれないことまで残らず教えてきました。しかし、古の賢者が教えるように、学問の順序というものは、遠きに行かんとすれば近きより始め、高きに登らんとすれば卑《ひく》きより始めるものです。あなたは卑近から高遠を目指さなければなりません。このことをお忘れなきように」

私は答えた。

「先生の仰せのとおり、順序を忘れず、精いっぱいにつとめます。ここまでご教訓を受けたからには、先生のご名字を書き調《ととの》え、毎月朔望《さくぼう》（一日と十五日）に礼拝したく思います。どうか、先生のお国とお名前を教えてください。これまでもたびたびお尋ねしたのに教えてくださらなかったのは、どのような理由があってのことなのでしょうか」

　私が何度もお願いすると、先生はお笑いになった。

「私は湖広の人です。そのように覚えておかれればよろしい」

　そうおっしゃって、ついに出立してしまわれたのであった。

　このように、はからずも隠者と出逢い、学問の極意を伝授されたことは、誠にもって運命を決する御縁だったと思う。[*14]

　さて、凌雲寺で儒道と異端の区別を教えていただいたとき、先生は、儒道にとって釈迦《しゃか》（仏教）は異端ではないとおっしゃった。だが、私は納得できずにいた。

　琉仮屋のすぐ近くに、鼓山湧泉寺《こざんゆうせんじ》の末寺で、万寿庵《まんじゅあん》という寺があった。[*15] 万寿庵には、涌泉寺が所蔵する一切経（すべての経典）を整理するため、すべての経典が持ちこまれていた。

　私はそこで、一切経のうち、読むべきものはことごとく読んだ。さらに、重要な経文仏語を残らず読破し、天竺《てんじく》（インド）の様子を記した書物もすべて読み終えた。

　このような書物はほとんど読む機会があるまいと思っていたが、幸運にも、書庫整理のため万寿庵に一切経が持ちこまれたので、たやすく読み通すことができた。これも予期せぬ縁であったと思い当たるのである。[*16]

＊13　蔡温が隠者から学んだ学問は、「知行合一《ちこうごういつ》」（知識と行動は一体であるという説）を旨とする陽明学であったとも言われますが、はっきりしません。蔡温がどのような学統に立つ人物であったのかは、現在でも議論の対象になっています。
蔡温は、隠者から学んだことを『実学真秘《じつがくしんぴ》』という著書に書き遺しましたが、残念ながら現存は確認されていません。
＊14　この「隠者」の正体は、現在も明らかになっていません。
＊15　鼓山涌泉寺は、現在も福州市にあります。多数の経典や版木を所蔵していることで知られ、弘法大師《こうぼうだいし》空海も訪れたことがあったようです。
蔡温が一切経を読んだ万寿庵は現存しないようですが、琉仮屋（琉球館）跡地の近くに、現在も「万寿橋」という石橋が残っています。名前からすると、万寿庵はその近くにあったのかもしれません。
＊16　『自叙伝』では触れられていませんが、蔡温は渡唐にあたり、地理（風水）を学んでくるよう命じられていました。実際、蔡温は福州で劉齎《りゅうさい》という人物に師事し、風水の

奥義を伝授されています。

もっとも、久米村にはそれ以前から風水の知識が蓄積されており、蔡温の親戚には、風水師として有名な蔡応瑞もいました。蔡温は久米村で風水の基礎を身に付け、福州ではその最先端を学んだと考えられます。

国師蔡温

かくして、康熙四十九（一七一〇）年六月、私は存留役を務めあげ、二十九歳で帰国した。帰国後、久米村の長史《ちょうし》役（総役の補佐）に任命された。[*17]

三十歳には、王世子尚敬《しょうけい》様が来たる何年かに上国（薩摩に赴くこと）されるため、それにあたっての御近習役と御師匠に任命された。[*18]

しかし、三十一歳の七月に、国王尚益《しょうえき》様が不慮に薨去されたため、尚敬様は上国を取りやめ、ただちに即位されるほかなくなった。それに伴い、私はまた始終の御師匠役に任

紫禁城（現・故宮博物院）の内城への入口にあたる、正陽門。この門をくぐったところに礼部がありました（写真提供　渡辺美季氏）

命され、御師匠としての俸給八石、都通事としての俸給四石、合わせて十二石をいただくことになった。また、勝連間切神谷の地頭職にも任命された。

中城《なかぐすく》御殿《ウドゥン》へ日夜詰めていたところ、赤平村にお買い入れの家屋敷を拝領するよう命じられたので、その家に引き移った。三十三歳には、正議大夫の位に昇進した。

尚敬様が即位してから初めての御成り（訪問）は、私の屋敷であった。屋敷では尚敬様に御膳を献上した。尚敬様の外祖父にあたる具志頭親方、摂政の豊見城王子、三司官の田島親方・伊舍堂親方・浦添親方の各位も、順々に御成りをなさった。

三十五歳の時、請封（中国皇帝に冊封を請願す

紫禁城の午門。皇帝がここで各国使節を謁見しました。蔡温も康熙帝の姿を見上げたかもしれません（写真提供　渡辺美季氏）

ること）のための進貢副使役と、申口座《もうしくちざ》の位階を拝命した。領地も替えられ、西原間切末吉の地頭職に任命された。そして、渡唐した。*19

唐に到着した翌年の六月、我々が乗ってきた唐船二隻は、琉球に帰国した。

北京へ上る途中、衢州府《くしゅう》（現在の浙江省衢州市）という国で、川船を乗りかえるために四、五日滞留した。そのとき、天竺の和尚に出逢ったので、船に招いて天竺の様子をお聞きした。幸いなことに、和尚は中国に来て十四年になっており、中国の言葉が達者であったため、おもてなししてゆっくりと話ができた。これまた予期せぬ御縁であったと思う。

その年の十月二十八日、北京に到着して冊封のお願いを申し上げたところ、主客司《しゅかくし》と清吏司《せいりし》（両者とも外交担当官）から次々にお尋ねがあった。河口通事（中国側の琉球語通訳官）は彼らに召し呼ばれて、琉球官が唐言葉（中国語）には通じていないこと、しかし漢文は達者であることを申し上げた。[20] すると、翌日の早朝、勢頭大夫（進貢使）に御用があるとのことだったので、我々は共に礼部衙門《れいぶがもん》（清朝の文部省にあたり、外交も担当）へ参上した。

そこには礼部の尚書（長官）以下三名が列席されており、書面で直々にお尋ねがあったので、私も書面でお答えした。このことが康熙《こうき》皇帝様に聞こし召し上げられた。清吏使からは、琉球は長年、勅使をもって王位を冊封されることが天朝大典に定められていると申し聞かされた。

請封の儀は願いどおりに終わり、翌年四月二日、帰国の許可をいただいたので、福州に帰ることになった。あまりに帰りが遅くなったので、ずっと水路を通り、六月二十四日に福州に帰着した。[21]

その後、公務を事例のとおりに済ませ、七月中旬、琉球に帰国するため乗船した。だが、順風に恵まれなかったので、五虎門《ごこもん》を出船したのは八月三日になった。同九日に帰国、請封を済ませたことをご報告した。

その冬、冊封使をお迎えするための使者として、正議大夫の松堂親雲上が唐に渡り、私は上様（尚敬王）に唐の礼式をすべてお教えしたのだった。

＊17　当時の久米村総役は、蔡温の父・蔡鐸でした。蔡温は父親を補佐する役目に就いたことになりますが、わずか七か月で辞任しています。家譜では病が理由となっていますが、同時期に王世子尚敬の近習役に任命されているので、兼任が困難だったのかもしれません。

＊18　王世子は王位継承者のことです。王世子尚敬は、このとき十二歳。王世子は十五歳頃になると、薩摩に一年ほど滞在する慣習がありました。蔡温は薩摩行きを楽しみにしていたらしく、この時期に作ったと思われる、日本の歴史や風景にちなんだ漢詩が伝えられています。しかし結局、蔡温は生涯、日本の土を踏むことはありませんでした。

＊19　何事もなく渡唐したかのように書かれていますが、このとき、蔡温たちの乗る進貢船は、一度暴風に遭って久米島に漂着しています。蔡温の家譜には、このことが「十有九危（九死に一生を得た）」と記されています。進貢船の修理のため、蔡温たちは二か月近く久米島に足止めされました。

＊20　蔡温が本当に中国語を話せなかったのかは、疑問が残るところです。凌雲寺の長老や隠者、そして天竺僧とは、中国語で会話していると思われるからです。

中国人と難しい交渉をするとき、蔡温は常に筆談を提案しました。筆談には、「交渉の記録が残る」「反論を考えるための時間が稼げる」などのメリットがあります。そのために中国語を話せない振りをしたというのが本当のところではないかと思います。

＊21　請封に時間がかかったのは、蔡温たちが北京に到着したとき、皇帝（康熙帝）の母が逝去したためでした。北京の役人はそちらの用事に忙殺され、冊封事務に手が回らなかったのです。ようやく冊封事務担当の役人をつかまえると、今度は、請封が遅れた理由について問い詰められます。先王尚益は冊封を受けなかったうえ、現在の尚敬王も、蔡温が琉球を出発した時点で、すでに即位後四年が経過していたからです。

蔡温の家譜には、このときの蔡温の弁明が、次のように記されています。

「先々王尚貞の死から三年間は喪に服していたため、請封できませんでした。喪が明けた年に先王尚益も逝去したので、さらに三年間、喪に服しました。尚益王の喪が明けた年に請封しようとしましたが、請封は二年に一回の進貢年に行うべきであるところ、その年はそれに当たらなかったため、さらに一年延期することになったのです」

冊封使との対決

翌年六月、冠船（冊封使船）が那覇にご入港された。[*22]

勅使（冊封使）をつつがなく接待し、諭祭（先王の葬儀）と封王の儀式もきわめて首尾よく終わった。私は紫冠を賜り、知行高五十石とされた。

八月中旬から評価《ハンガー》（唐人が持ち込んだ商品の鑑定）を始めたところ、唐人が持ち渡ってきた品物の代銀は、二千貫目余りにもなった。琉球が買物のために用意した代銀は五百貫目しかなかったので、九月初めからしだいに状況が難しくなり、評価がままならなくなった。

勅使をはじめ、唐人たちは主張した。

「琉球は王国なのだから、いかに貧しくとも、六、七千貫目程度の貨物はたやすく買い取れるはずだ。わずか五百貫目しか買物銀がないなど、我々に対する嫌がらせだ。無情なやり方ではないか」

彼らはこのように立腹したので、琉球としても打つ手がなくなった。

久米村総役の名護親方[*23]は、諸大夫と相談し、次のように結論を出した。こうなっては、誰が出ていってもどうにもならないであろう。しかし、御師匠（国師）の末吉親方（蔡温）が助勢してくれたら、調停できるかもしれない、と。

そこで、常に王のおそばにあるべき御師匠役とは承知のうえで、末吉親方に助勢を命じていただくよう、摂政・三司官にしきりに申し出た。摂政・三司官は同意され、王も委細を承知された。こうして、末吉親方[*24]は久米村へ下り、すべての難題を引きうけて働くことになった。

摂政・三司官・総役・諸大夫は、天使館（冊封使の滞在施設）へ参上し、末吉親方が評価の一件を引き継ぐことをご報告した。いよいよ評価が困難になってきたことについては、末吉親方から勅使に、最初に次のように申し上げた。

「言葉を言い違えたり、聞き違えたりすることがあってはいけません。勅使には書面でお尋ねいただき、琉球側も書面でお答えするのがよいでしょう」

勅使は、よろしいと仰せられた。

その後は、勅使から何度も無理な要求をされたが、受け入れがたい理由をことごとく説明したので、勅使もしまいには何もおっしゃらなくなった。

そうしたある日、那覇の町を通っていた末吉親方は、四、五百人の唐人に取り囲まれた。唐人は、「評価の要求が通らないと、我々は破産してしまう」と激しく言いつのった。「我々の要求が通るまでは、何日でも囲みを解かぬ」とも唐人は言ったが、末吉親方にはすこしも驚いたり恐れたりする様子がなかった。

唐人は皆で末吉親方を囲みながら、下天妃宮に引き入れたのだった。[*25]

＊22　このときの冊封使は、正使が海宝《かいほう》、副使が徐葆光《じょほこう》。渡航人数は約六百人で、歴代最多でした。さらに、二名の測量官（正副使に準ずる地位）が随行していることがわかり、琉球側は接待に追われました。なお、副使の徐葆光は、冊封使録（冊封儀式の一部始終や、琉球の風物を記録した書物）の白眉とされる『中山伝信録』を、帰国後にまとめています。滞在中に徐葆光と蔡温はとても親しくなったらしく、漢詩を交換したり、本島中南部の景勝の地を共に巡ったりしました。

＊23　名護親方とは、当代一流の学者として中国や日本にも名の知れていた、程順則《ていじゅんそく》（一六六三年〜一七三四年）のことです。類稀な人格者でもあり、「名護聖人」と呼ばれて尊敬されました。蔡温より十九歳年長です。

程順則は、琉球初の公立学校である明倫堂を創設したり、「六諭衍義《りくゆえんぎ》」という道徳書を中国から持ち帰ったりしています。「六諭衍義」は、後に日本に渡り、各地の寺子屋の教材になりました。なお、評価事件当時における程順則の称号は「古波蔵親方」で、「名護親方」の称号を得るのは晩年になってからです。

＊24 『自叙伝』は基本的に「私」という一人称で記述されていますが、どういうわけか、評価事件の場面だけは「末吉親方」という三人称で記述されています（ちなみに、幼少年期も『蒲戸』という三人称です）。

＊25 天妃宮は、航海安全の女神である媽祖《まそ》を祀った廟。琉球には上下二つの天妃宮がありました。下天妃宮は公民館のような使われかたもしていたようで、多人数を収容できる広さがありました。

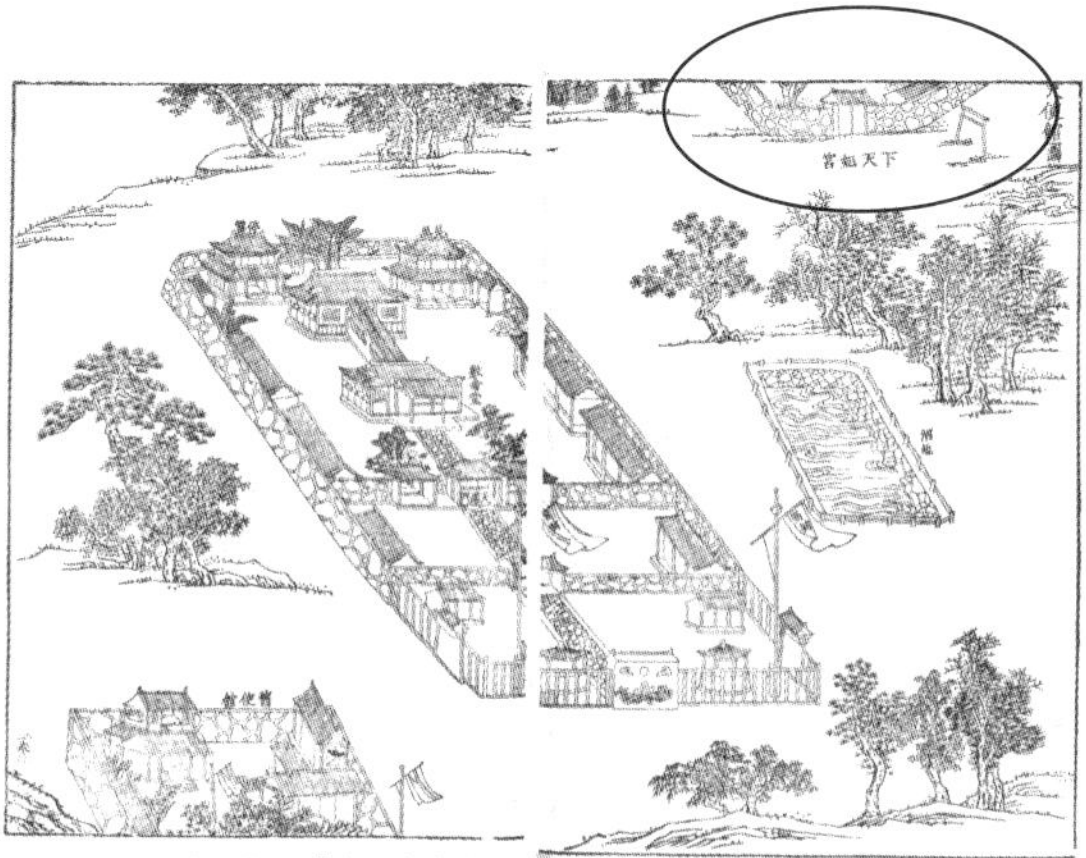

天使館の図（徐葆光『中山伝信録』より）。右上にわずかに描かれているのが下天妃宮

冊封使が滞在した天使館（読谷村『むら咲むら』の復元）

評価《ハンガー》事件

「我々は大量の商品を持ち渡ってきました。琉球に買い取ってもらわねば困るのです。なんとか、銀子二千貫目で買い取ってもらえないでしょうか」

唐人たちがこのように激しく訴えると、末吉親方は答えた。

「今日は多人数なので、言葉の言い違いや聞き違いも出てくるであろう。そなたたちの思うところを書面で申し聞かせるがよい。私も書面で答えよう」

このように言い渡すと、唐人たちも承諾した。

筆と紙と墨を取りよせ、たがいに書面で困難な交渉をおこなった。末吉親方は、琉球には五百貫目以上の銀子が一切ないことを、丁寧に説明した。

交渉は夜の九時分（午前零時頃）まで続き、五百貫目の評価ということで決着した。翌早朝から評価を始めることも、書面で約束した。摂政・三司官は金剛山寺に隠れておられたので、末吉親方はそこに参上して首尾をご報告した。

評価を務める人員が召し呼ばれ、翌早朝から評価を始めることを申し渡したところ、彼らは口をそろえてこう言った。

「今回の評価は大変な役目になりそうです。ほかの役目なら何を命じられてもかまいませんが、評価だけは絶対にお断りいたします」

摂政・三司官はお叱りになった。

「それが国に仕える者の言葉か。たとえ身命にかかわろうと、役目を断れる道理などない」

「それでは、末吉親方が評価所に詰められるならば、役目をお請けいたします」

評価の人員がそう答えたので、末吉親方は、毎日評価所に詰めることにした。それを聞いて、評価人員は皆、役目を引き受けたのである。

翌日から、唐人が入れかわり立ちかわり評価所に集まった。たがいに礼儀を保って交渉したので、末吉親方が五日ほど詰めた後は、評価の役目の者だけで首尾よく仕事をこなせた。

だが、唐人は千貫目以上の商品を持ち帰ることになったので、またもや難しい事態になってきた。

勅使から、摂政・三司官などすべての者が召し呼ばれた。勅使がおっしゃるには、多くの商品を持ち帰ることに唐人が強い不満を訴えているので、どうにか代銀を都合してもらえないか、とのことだった。

皆で合議した結果、老若男女の髪差《かんざし》と各家の銅錫器を集め、すべて貨幣に鋳直し、百貫目ほど買い足したのである。

このような事情があったので、冠船は琉球で越年し、翌年二月十六日に唐へ帰帆されたのだった。*26

私はこれらの働きにより、三十九歳で三司官座敷（三司官待遇）に任命された。四十歳で知行高（俸給）三十石を加増されて都合八十石となり、四十二歳で安駄（駕籠《かご》に乗って登城すること）を許された。*27

その後、『中山世譜』にある多くの誤りを、封王勅使の徐老爺（徐葆光）から譲り受けた実録をもって検証し、御世譜を全面的に改訂したのだった。*28

＊26　約八か月の滞在は、歴代冊封使のなかで二番目の長さでした（最長は尚穆王の冊封使）。通常、冊封使は越年せずに帰国しますが、評価が長引いたため、琉球で越年せ

ざるを得なくなりました。冬至から旧正月にかけては海が荒れるため、遠洋航海には危険だったのです。

＊27　蔡温の家譜では、知行高三十石の加増は四十二歳、安駄を許されたのは四十七歳のとき。おそらく、年月日まで記載している家譜のほうが正しいでしょう。

＊28　王府の正史『中山世譜』を編纂したのは、蔡温の父・蔡鐸です。蔡温は徐葆光に過去の冊封使録を見せてもらい、『中山世譜』に誤りが多いことを知りました。蔡温の改訂により、『中山世譜』には蔡鐸本・蔡温本の二種類ができることになります。蔡鐸は、息子による『中山世譜』改訂作業中に、八十一歳で死去しました。

なお、現在では、蔡温本『中山世譜』には強引な辻褄合わせが目立つことが指摘されており、蔡鐸本が再評価されています。

三司官就任から隠居まで

四十七歳のとき、私は三司官に任命された。同時に、具志頭間切《ぐしちゃん》の総地頭職にも任命されたので、知行高は四百石となった。五十四歳のときには、紫地浮織冠を賜った。

私が七十歳の正月、尚敬王様が不慮に薨去された。次期国王を冊封するための御冠船の派遣を近々にお願いすることになるが、すでに年老いた私は、三司官として冠船が渡来されたときのお役には立てまいと思った。そこで、七十一歳のとき、養老のため隠居を願い出た。

これが王府で検討され、御国元《おくにもと》（薩摩藩）に伝えられたところ、隠居は差し控えるべし、役職を退くのみならばよろしいとのご命令が下り、退任を許された。

私は紫地五色浮織冠（王族以外では最高の位階）を賜り、与力二名、赤頭奉公人四名を召しつけられ、退任した。養老のために御切米（俸禄米）二十石をご給付いただき、ゆるゆると保養することになったのである。

私が七十三歳のとき、上様（尚穆王《しょうぼくおう》）が元服されるにつき、帽子親を命じられたので、御恩ありがたしとお務めした。

七十五歳の六月、冠船が渡来されたが、風の不順により久米島で風待ちした際、暴風が荒れ狂い、船が干瀬に乗りあげてしまった。船は損傷したが、勅使はじめ乗員は皆、無事に陸へ揚がられた。

この事態を久米島からの飛船（早船）が知らせに来たので、安否を確認するため船一隻を派遣した。さらに、勅使をお迎えするため、三司官を頭として船三隻を派遣した。

七月八日、冠船は那覇に入港された。遊撃船（二号船）は、順風に恵まれず唐に戻った。勅使が入港されてからは、先例の通りにご接待し、諭祭は七月二十七日、封王は八月二十一日につつがなく終わった。

その後、評価について要望されたが、琉球には評価銀が三百貫目しかないと伝えた。とはいえ、唐人は久米島における破船でおおいに損耗し、途方に暮れていたので、見舞銀二百五十貫目を送ることにした。

唐に戻った遊撃船は、船を造りなおして、ようやく十二月十二日になって琉球にやってきた。海上で難儀し、おおいに損耗したというので、さらに見舞銀二百六十三貫六百五十目を送り、うち二貫目は洋中に溺死した唐人二名のために渡した。

結局、冠船は越年することになり、一月二十九日、勅使お二方は帰帆された。*29

勅使がお帰りになったので、私は隠居を王府に願い出た。

家督は、嫡子の浜川親方（蔡翼）に継がせた。具志頭間切の総地頭職と知行高二百石を、嫡孫の代まで与えていただけるよう王府に言上し、承認された。誠にもってありがたき次第と、私は安心したのだった。

『自叙伝』以上

*29 尚穆王の冊封正使は全魁《ぜんかい》、副使は周煌《しゅうこう》。周煌は、『琉球国志略』という冊封使録を遺しました。『琉球国志略』には、周煌が老蔡温と出会ったときの様子も記されています。それによると、蔡温はすでに年老いて言葉がはっきりせず、ほとんど会話にならなかったようです。『自叙伝』における蔡温の活躍と矛盾するようですが、これは尋ねられたことについて蔡温の記憶が定かでなかったためか（周煌が尋ねたのは王府官制の成立経緯）、あるいは単純に、蔡温が中国語会話を忘れていたためかもしれません。

『独物語』全訳

―― 時代を乗り切る王府政治のマニュアル

琉球王国の現状

琉球は小国である

琉球の国力は小さい。その小さな国力で、唐（清朝）と大和（日本）にさまざまな義務を負っている。その義務は、国力に見合わぬほど重いものである。

そのような重い義務を負いながら、琉球が古くから王国として自立してこられたのは、幸運な風水に恵まれているためだ。地にあっては山々の龍脈が連なり、天にあっては幸福の星に位置している。政治が未熟でも今までやってこられたのは、このような風水に恵まれたおかげである。

国力に見合わぬ重い義務を果たすには、正しく政治を行わなければならない。さもなくば、この国は衰える。財政が傾けば、唐と大和が求めるだけの礼を尽くせず、かえって無礼となるだろう。

【解説】「琉球の国力は小さい（御当国の儀偏小の国力）」。身も蓋もないようですが、蔡温が琉球の国家経営を語るときの、これが大前提の認識です。この「弱小国」をいかに経営していくか、いかに中国や日本のような大国と付きあっていくかが、『独物語』で語られる主要テーマです。

御国元（薩摩藩）には感謝すべきである

御国元（薩摩藩）に年貢を納めることは、一見、琉球にとって多大な負担のようではあるが、結局のところ多大な利益になっているのだ。これはまったく、言葉に尽くせぬほどである。

昔の琉球は、政治が未熟で、農民も怠惰で、食糧も物資も足りず、風紀も乱れていた。あまつさえ、世替り（王朝交代）の動乱をたびたび起こして万民を苦しめたのは、許しがたいことである。

しかし、御国元のご指示に従うようになってから、風紀は改まり、農民は勤勉になり、食糧も物資も国中にいきわたるようになった。

このようにありがたい御世となったのは、結局、御国元のおかげである。言葉に尽くせぬご厚恩と思うべきであろう。

この件は、「御教条」にも詳しく記しておいたことである。

【解説】当時の琉球王国の立場が如実に反映されている条項ですが、どこか刺が感じられます。ここで語られている論理は、「中国から礼法を導入したおかげで琉球は文明国になった」という、久米村人が主に唱えていたものに似ています。

事実としては、島津氏の侵攻によって琉球の国土や人心は逆に荒廃したのであり、それを立てなおすために努力したのは、羽地朝秀をはじめとする為政者たちであり、琉球の士民でした。

なお、蔡温自身が触れているように、この条項は「御教条」の第一条とほぼ同じです。「御教条」とは、一七三二年に摂政・三司官の連名で発布された民衆教化のための文書です。「御教条」の発布も、当時三司官だった蔡温の主導によるものと考えられています。

結束して大局にあたれ

三司官（三大臣）と表《おもて》十五人（長官・次官級の十五名）は、政務を執ることだけが自分の仕事だと思ってはならない。世間の模範となるように振舞うことも、大切な仕事なのである。そのためには、とりわけおこないを正しくするよう努力せよ。そして、十八人が心をひとつにして政務にあたれ。さもなくば、国に仕える資格はない。そのような者が仕えていては、かえって国が衰えるであろう。

さて、政治とは、基本方針を決定し、それにもとづいて政策を立案・実行することである。ただし、その中には、全体の根幹をなすものと、枝葉にすぎないものがある。為政者はこの差分をよく理解し、前者に注力しなければならない。為政者が枝葉にばかり気を取られ、根幹を見失えば、国家は必ず衰える。

国家経営というものは、何事もあらかじめ計画を立てておかなければ、失敗に終わることが多い。ここまで述べたことを踏まえて、具体的に何をすべきか、概略をこれから説明しよう。

【解説】「基本方針を決定し、それにもとづいて政策を立案・実行すること」を、原文では「体用」と言っています。根幹をなすものは「大体大用」、枝葉にすぎないものは「小体小用」です。

「体用」とは中国哲学の伝統的な観念で、「本体とその作用」というほどの意味です。ここでは為政について述べているので、右のように訳しています。

外交費について

琉球は大海の中にある

琉球は大海に囲まれており、地続きの隣国はない。いわば孤立している。そのため、風害や水不足で食糧難が起きても、容易に隣国から食糧を輸入できない。風害や水不足による被害を防ぐ手立てを、あらかじめ考えておくべきである。

漂着船への費用

異国船が琉球に漂着したら、漂着者の世話をしなければならない。彼らの船が破損していたら、こちらで船を用意して送還しなければならない。そのための予算を確保しておくべきである。

【解説】近世の東アジア世界では、漂着民を相互に送還するというルールが確立していました。逆に琉球人が異国に漂着することも多く、その際に王府が恐れたのは、薩摩藩による支配が現地の役人に見破られることでした。そのため、薩摩の支配をごまかすための想定問答集が作られ、船の乗員にも周知されていました。

不意の使者の接待費

唐の国情によっては、軍使が不意に渡海してくることも予想される。そのための備えも必要である。

【解説】「軍使」は、原文では「指揮使」「遊撃使」と記されています。「指揮」「遊撃」ともに軍の職名です。ここで念頭に置かれているのは、中国が明朝から清朝に交替したときの動乱と、その後の「三藩《さんぱん》の乱」と呼ばれる内乱でしょう。後者は、蔡温が生まれる数年前の出来事です。

明清交替の動乱では、清朝に都を追われた明の亡命政権（南明）から、朝貢をうながす使者が琉球に渡来しています。王府の正史『中山世譜』によると、この使者の身分が「指揮」でした。

三藩の乱では、乱を起こした一人である靖南王から、硫黄を求める使者が琉球に渡来しています。同じく『中山世譜』によると、この使者の身分が「遊撃」でした。

南明政権も靖南王の政権も、清朝（満洲人の政権）に抵抗する漢人政権です。蔡温は、漢人の反乱がふたたび起こる可能性も考慮に入れていたようです。

江戸立《えどだち》・渡唐・王世子上国・冊封などの費用

徳川将軍の代替わりには江戸へ、唐の皇帝の代替わりには北京へ、それぞれ祝儀の使節を送らなければならない（慶賀使）。琉球国王の代替わりには、両国へ御礼の使節を送らなければならない（謝恩使）。そのための予算を確保しておくべきである。

【解説】原文では、江戸に使節を派遣することを「江戸立《えどだち》」と呼んでいます。「江戸上り」の名で一般に知られているものですが、近年の研究では、近世琉球の史料に「江戸上り」表記が見当たらず、「江戸立」表記が専らであることを踏まえ、「江戸立」と呼ぶことが多くなっています。

王世子が御国元（薩摩藩）へ上国されるにあたっては、多大な費用がかかる。そのための予算も確保しておくべきである。

また、百年に一度、冊封使が渡来するときは、接待費が莫大なものになる。それに備えて、平素からすこしずつ費用をたくわえておくべきである。

これ以外にも、御国元と唐には毎年使節を派遣するので、常に予算を確保しておくべきである。

【解説】五百人規模で来琉し、およそ半年にわたって滞在する冊封使節団の滞在費用は、琉球にとって大きな負担でした。実際には「百年に一度」ということはありえず、これは国王一代の長命を願う表現でしょう。

薩摩と清朝に毎年派遣する使節とは、薩摩への年頭使（年賀の使者）、清朝への朝貢使と接貢使（朝貢使を迎えにいく使者）のことです。

唐の兵乱にも動揺するな

唐で世替わりの兵乱が起きると、進貢船を派遣できなくなる。その場合、十四、五年、あるいは二十年にも三十年にもわたって国交が断絶することは避けられない。

そのような事態に至っても、琉球が正しく政治を行ってさえいれば、衣食をはじめ必要な物資に困ることはない。御国元への献上品は琉球の産物のみになるが、それはあらかじめ御国元に断っておけば、問題ないだろう。

だが、正しい政治の法に従わず、我々の独断で国を治めたならば、必ず国が衰え、国庫のたくわえも底をつく。そのような状態で唐との国交が断絶すれば、琉球の産物すら御国元に献上できず、最悪の事態となるだろう。

国家経営の心得

人口の増減を憂えるな

現在のところ、琉球の人口はおよそ二十万人である。今後さらに、十万人も二十万人も人口が増えて、総人口が三十万人にも四十万人にも達するかもしれない。

しかし、正しく政治を行えば、人口の増加に比例して生産力も増加するものだ。衣食が不足することもなく、財政にも余裕を持っていられるはずである。

優先順位を誤るな

正しく政治を行うには、政策の優先順位を誤らないことが肝要だ。優先順位を誤れば、どれほど懸命に政務に励んだとしても、平穏な治世は実現できない。かえって風紀が乱れ、国が衰える結果になるだろう。

国の等級とは

国の等級は、上・中・下の三つの位に分けられる。
さらに、上位の国は、上・中・下の三段に分けられる。
中位の国も、上・中・下の三段に分けられる。
下位の国も、上・中・下の三段に分けられる。
このように、国の等級は計九段に分けられる。

上位の国のうち、小さな問題に大きな力を配分できる国は、上国の上段と心得よ。

上位の国のうち、中ほどの問題に中ほどの力を配分できる国は、上国の中段と心得よ。

上位の国のうち、大きな問題に小さな力しか配分できない国は、上国の下段と心得よ。


また、中位の国のうち、小さな問題に大きな力を配分できる国は、中国の上段と心得よ。

中位の国のうち、中ほどの問題に中ほどの力を配分できる国は、中国の中段と心得よ。

中位の国のうち、大きな問題に小さな力しか配分できない国は、中国の下段と心得よ。


さらに、下位の国のうち、小さな問題に大きな力を配分できる国は、下国の上段と心得よ。

下位の国のうち、中ほどの問題に中ほどの力を配分できる国は、下国の中段と心得よ。

下位の国のうち、大きな問題に小さな力しか配分できない国は、下国の下段と心得よ。


下位の下段の国であっても、正しく政治を行えば、その国力に見合う程度に平穏な治世が実現できるものだ。下位以上の国ならば、なおさらである。

酒と自律心

自律心を失わせるもの

人間は生まれつき善悪を見極める心を持っているので、いかなる悪人であろうと、本来、善悪の区別はつけられるものだ。

しかし、精神状態は時と場合によってさまざまに変化するので、ときに人は自律心を失うことがある。そのため、昔の聖人も自律心の大切さを教えてきた。

とはいえ、国中の人々に自律心を大切にせよと命じても無意味である。

自律心がどのような場合に失われるかといえば、多くは呑酒《どんしゅ》（過剰な飲酒）によってである。

つまり、政策として優先すべきは、呑酒を戒めるよう広く意識づけすることである。呑酒を戒めることの重要性が昔から説かれてきたのは、このような理由があってのことだ。

酒に呑まれるな 一

【解説】原文では、生まれつき持っているものを「心」、精神状態を「気」と区別しています。「心」が生まれつき善悪を判断できるという考え方は、孟子の性善説や、朱子学の「性即理《せいそくり》」（人間の本性は正しいもの）という説にもとづいています。「気」は良くも悪くも変化するという考え方は、これも朱子学の「理気二元論」にもとづきます。万物は、その本質である「理」と、時々に変化する「気」とのバランスによって成り立っているという説です。自律心は「気持の執行」という奇妙な言葉で表されています。

ここから酒の害をえんえんと説明するくだりになりますが、蔡温自身が酒を嗜んだかどうかは不明です。じつは酒好きだったという伝承もあるようです。「沖縄学の父」伊波普猷は、著書『琉球の五偉人』の中で、蔡温は酒も煙草も嗜まなかったと伝えています（当時の士族は煙草を吸うのが当たり前でした）。

酒というものは、儀礼のために昔から用いられてきたものである。

しかし、凡人の常としては、酒興を楽しんではつい飲み過ぎてしまい、自律心を失うことが多い。普段は礼儀正しい人が、にわかに別人のようになり、本人も後悔するような言動におよぶことがある。

このような呑酒の悪習が国中に広がれば、正しく政治を行うことなど、絶対に不可能であろう。

酒に呑まれるな 二

財欲や色欲、喧嘩口論などは、犯罪の元となる。これは誰もがよくわかっていることだ。それでもこのような行為に走る者が出てくるのは、多分に自律心を失うためである。自律心を失うのは、ひとえに呑酒のためである。

よって、風紀を正しい方向へ導くには、呑酒の悪習を改めることが最優先なのである。

酒に呑まれるな 三

色欲や喧嘩口論などは、当事者だけの損失もしくは罪科ですむ。だが、財欲は国家の衰退を招く。なぜ財欲が国家の衰退を招くのか、ふたつの事例で説明しよう。

ひとつは、財欲に駆られた役人が、正しい心を打ち捨て、私利私欲のために百姓を酷使する場合である。百姓はしだいに疲れはて、田畑の耕作もままならなくなり、ついには国家が衰えるのだ。

もうひとつは、財欲が官有品に向けられた場合である。役人が私利私欲に駆られると、さまざまな口実をもうけては官有品を軽率に扱うため、王府の各部署で横領が多発する。毎年の横領は、やがて王府の深刻な損害となり、財政を傾けるのだ。

とはいえ、国に仕える者ならば誰しも、国家の安泰を常に願っているものである。誰も国を傾けようなどとは思っていない。しかし、自律心を失えば、はからずも財欲が起こり、隠れて違法行為に及んでしまうのである。発覚して罰せられる者も少なくない。

だからこそ、自律心を失わぬよう、呑酒の悪習を改めることが肝要であり、昔からそのように説かれてきたのである。

優先すべき二つのこと

政治の基本とすべき重要事項は、次のふたつである。
・呑酒の悪習を断つこと。
・国中の民が衣食に困らぬよう、法を施行すること。
これらを優先しなければ、ほかにどのような施策を行おうとも、政策の優先順位を乱すことになる。平穏な治世は決して実現せず、かえって国家の衰退を招くであろう。

朽ちた手綱で馬を駆けさせる

火は人間にとって欠かせないもので、各家庭で用いられている。だが、使いかたを誤れば火災を引き起こす。

酒も、儀礼には欠かせないもので、各家庭で用いられている。だが、飲みかたを誤れば、軽挙妄動を引き起こす。呑酒の悪習が広まれば、犯罪も増加するに違いない。

火と酒は、どちらも人間にとって欠かせないものなので、禁止するわけにはいかない。だが、使いかたを誤れば、大きな災いを引き起こす。だからこそ、火の慎みと酒の慎みの大切さが、昔から特に教えられてきたのである。

政治を正しく行うには、一見相反する政策を両立させなければならない。穀物を増産するために泡盛の製造販売を認める一方、呑酒の悪習も断つのだ。

だからこそ、昔の聖人も言い残したのである。政治とは、朽ちた手綱で馬を駆けさせるようなものである、と。

【解説】「政治とは、朽ちた手綱で馬を駆けさせるようなもの」。蔡温の有名な言葉です。

じつはこの言葉、「昔の聖人も言い残した」とあるとおり、蔡温のオリジナルではありません。出典は『書経《しょきょう》』（四書五経の一。孔子の編纂とされる）の「五子之歌」です。禹《う》王という伝説上の名君が、政治に臨む姿勢を宣言した言葉として登場します。要約すると、「民は国の土台なのだから、畏《おそ》れ敬い、慎重に政治を行おう」というものです。

『書経』では「朽索《きゅうさく》の六馬《りくば》を馭《ぎょ》するが如し」という表現になっており、「非常に困難なこと」を意味する故事成語にもなっています。六馬とは、古代中国の君主が乗っていた六頭立て馬車です。

この言葉は、後に『淮南子《えなんじ》』など複数の書物に引用されたらしく、かなりポピュラーなものだったようです。蔡温も気に入っていたのか、『図治要伝』という著作でも引用しています。

商業の自由化

商人税の免除

かつては商人に納税を命じており、合計四、五貫目ほどを国庫に納めさせていた。だが、その税負担が商人の活動を妨げたため、商業はしだいに衰退した。

そこで二十年前（一七三二年）から、商人の納税を免除し、自由に商売をするよう命じている。おかげで、商人の意欲が向上し、商人の数も大幅に増え、手広く商売をするようになった。とりわけ、細工仕事に長けた者たちがさまざまな商品を作りだしたので、彼ら自身の生活の糧となったのはもちろんのこと、それらの商品は世間にも重宝されるようになったのである。

【解説】王府はこれに先立ち、個人宅で店を開くことを許可しています。蔡温が三司官に就任した翌年のことです。ここで述べられている商人税の免除は、その五年後でした。経済面における蔡温の改革は、統制経済から自由経済へ、という方向性を持っていたようです。

泡盛・麺類・豆腐の製造販売の自由化　一

二十年前までは、多少の飢饉でも、穀物の値上がりを抑えるために泡盛・麺類・豆腐の製造販売を禁じていた。そのため、米・粟・稗《ひえ》・麦・豆などが、収穫されないまま五万石余りも地中に残された。だが、当時は誰もその損失に気付かなかった。

食糧不足のたびに商売を禁じたので、農民たちは、年貢米を納め、領主の田畑を耕作する義務を果たすほかは、わずかしか穀物を作らなかった。国中の農民が唐芋（サツマイモ）を優先して作っていたのである。

そのため、台風で唐芋が吹き枯らされると、大飢饉になった。民が困窮したのはもちろん、国の備蓄も不足したので、餓死者を救えなかった。もっとも、平時から国庫は不足しており、各方面からの借入れでようやく維持している状態ではあった。

その後は、泡盛・麺類・豆腐の自由な製造販売を許可しており、一度も禁じたことはない。五万石余りの穀物が地中に残されることもなくなった。唐芋が吹き枯らされても、穀物は豊富にあるので、国庫から大量の義援米を供出できる。

ところが今年になって、昨年の凶作による飢饉のため、ふたたび泡盛・麺類・豆腐の製造販売を禁止しようとする動きがある。今後が気がかりである。

泡盛・麺類・豆腐の製造販売の自由化　二

右記のとおり、五万石余りの穀物を地中に残さず活用するため、泡盛・麺類・豆腐の商売を禁じることはやめたはずだった。

ところが、今年になって方針が変わってしまった。なぜなら、昨年は、四度の台風に見舞われ、唐芋が凶作になり、穀物が高値になり、貧しい者たちが途方に暮れた。その状況について、国中の人々が次のように考えたためである。

「穀物が高値になったのは、泡盛・麺類・豆腐を自由につくらせて穀物が不足したためだ。これらを禁止すれば、穀物はたちまち値下がりし、貧しい人々の生活も楽になるだろう」

これに同調した表十五人の高官は、泡盛・麺類・豆腐の製造販売を禁止したいと、去年の十一月から、たびたび我々（摂政・三司官）に申し出てきた。そのたびに、私はこう答えた。

「穀物が高値になるのは、泡盛・麺類・豆腐の製造販売が原因ではない。琉球で貨幣が流通しているのは、首里・那覇・泊だけだ。地方や離島では流通していない。そこへきて、七、八年前から、脇方銀子（補助銀）の琉球への持ち下りを御国元（薩摩藩）から厳禁されたかわりに、毎年春・秋に御国元へ派遣される公用船によって、計四、五十万貫ほどの貨幣を琉球に持ち帰っている。その貨幣が首里・那覇に過剰に流通した結果、近頃は穀物だけでなく、あらゆる物が高値になっている。そこへきて去年の台風の被害により、いよいよもって例年以上に穀物が値上がりしたのだ。たとえ泡盛・麺類・豆腐の商売を厳禁しても、直接の原因は台風による被害なのだから、来る二、三月まで穀物は値下がりしないだろう」

このように何度も説明したが、いずれも理解されなかった。そのため、今回は仕方なく商売の禁止を命じることになった。

だが、私の言ったとおり、四月初めまで穀物はすこしも値下がりせず、貧しい者の助けにもならなかった。政治が正しく行われなかったのだ。今後、王府高官の各自はよくよく思慮するよう望むところである。

【解説】蔡温は著書『図治要伝』の中で、次のように述べています。

「人々が穀物を争うようにほしがれば、農民も利益が上がるので穀物増産に励むようになる。人々が穀物をほしがらなければ、農民は労働意欲がわかず、耕作を怠る。生産物はすべてそういうものだ。だからこそ、酒や麺などの製造販売を禁じてはならないのである」

蔡温の願いもむなしく、これより後も、王府は飢饉のたびに泡盛・麺類・豆腐の製造販売を禁じていたようです。

毎年春・秋に琉球から薩摩に派遣される公用船を「楷船《かいせん》」といい、中古の渡唐船が使用されていました。「脇方銀子」が何を指すのかははっきりしませんが、楷船が琉球に持ち帰ってくる貨幣に対して、薩摩藩公認の商船が琉球に持ちこんでくる貨幣を指すのかもしれません。薩摩藩公認の商船は、琉球での貿易と引き換えに、琉球からの貢物を薩摩に運ぶ仕事をしていました。

屠豚業者の制限撤廃

あらゆる生産物は、買い手が多いほど作り手も多くなる。買い手が少なくなれば、作り手も少なくなるのが道理である。

二十年前まで、屠豚業者の数を首里・那覇に各一名までと制限していたので、豚は繁殖しなかった。前回の冊封使が渡来したとき（一七一九年）には、唐人をもてなすために豚を毎日二十四ずつ屠ったので、国内の豚が不足した。そのため、与論島・永良部（沖永良部）島・奄美大島・徳之島・鬼界（喜界）島から豚を取り寄せ、ようやく間に合わせたものである。

それ以来、豚を繁殖させるため、首里・那覇における屠豚業者の制限を撤廃し、何十人でも自由に営むことを許可した。おかげで、各地で豚が繁殖した。今では、首里・那覇で毎日五十匹ほどの豚を屠っても、首里・那覇・泊とその近郊の豚だけで用が足りるほどになったのである。

【解説】今日まで続く沖縄の豚食文化の起源が、ここにあります。興味深いのは、養豚を直接奨励するのではなく、屠豚業者（買い手）を増やすことで養豚に携わる者（売り手）を増やすという、ちょっと迂回した方法を取っていることでしょう。

外交の心得

倹約につとめよ

金・銀・銅銭や鉄などの金属類は、国にとって欠かせないものであるが、琉球ではこれらを産出しない。また、薬の材料であったり、糸や反物であったり、その他の物資なども、他国から輸入してようやく間に合わせている。

さらに、唐・大和との外交儀礼では国力に見合わぬ出費があり、あらゆるものが不足している。そのうえ、御国元からはときどきに重ねての出米・出銀を命じられるため、財政は常に不安定である。両国への義務を果たすのは、誠に大変なことだ。

地続きの隣国でもあれば、産物をやり取りして工面することもできようが、それもできないのだから、どうしようもない。

このことを皆よく理解し、わずかでも出費を省き、国が衰えないよう心がけてもらいたい。これは何よりも大切なことである。

他国に恥じない振舞いをせよ

昔の琉球は、あらゆる物に不自由し、外交における諸事の始末や礼儀作法も大形《テーゲー》（大雑把）だったようである。

たとえば、唐の朝廷に差し出す文書を、大形にしつらえていたという。

また、旅費が足りなくなると、北京で下賜された品物を道中で売り払い、用を足していたという。

さらに、古船で渡航しておきながら、古船では帰国できないので新造船がほしいなどと勝手なことを願い出て、特に難色も示されず、新造船を拝領して帰国することもあったという。

なおまた、唐だけでなく御国元に対しても、書状や献上品を大形にしつらえながら、何の問題もなく済まされていたようである。

現在の琉球は、昔とは打って変わり、外交における諸事の始末にも礼儀作法にも不足はない。じつに結構なことである。

今後は、書状や献上物、そのほか諸事の始末に、わずかでも至らぬ点がないようにせよ。さもなくば、どのような事態が生じるかわからない。これは皆が十分に注意すべきことである。

漢文筆者を育成せよ

琉球では和文を使用しているので、和文の読み書きは永く伝えられていくだろう。

一方、漢文は唐とのやり取りに使用するのみであり、和文とは事情が違う。漢文の筆記は昔から久米村に命じられてきたが、久米村でも平素は和文を用いているため、漢文を書きこなせる者はわずかしかいない。優れた漢文を書ける者となると、いないと言ってよいぐらいだ。

それでも、唐には毎年使節を派遣するため、過去の例を参考にしながら、どうにか漢文の文書を作成してきた。だが、唐は大国なので、国情によってはどのような難しい事態も起こりうる。朝廷に奏上する文書にわずかでも不適切な文言があれば、重大な問題に発展するおそれさえある。そうなってから、いくら後悔しても遅いのだ。

よって久米村には、漢文の習得に励むよう普段から働きかけておく必要がある。

朝廷への文書さえ適切であれば、仮に琉球の外交官が唐で不始末を起こしたとしても、個人の罪で済ませられる。だが、朝廷への文書が不適切であれば、国家的な問題となり、最悪の事態が生じる。これは、よくよく注意すべきことと思う。

【解説】すでに一七四二年、王府は久米村に漢文組立職《かんぶんくみたてしょく》を置いています。中国向けの外交文書を作成する役職です。この路線を今後も発展・継続させるようにという指示でしょう。

遊郭は治安のためである

遊郭は道徳を乱すので、国にとってひどく不都合な存在と思われがちだ。しかし、那覇には各地から船が集まるので、遊郭を設置しなければ、どのような問題が生じないともかぎらない。

そう考えると、昔から那覇に遊郭が設置されているのは、要するに治安のためなのだ。このような事情もよく理解すべきである。

【解説】那覇には、辻《つじ》・仲島《なかしま》・渡地《わたんじ》の三か所に王府公認の遊郭がありました。三か所のうち、現在まで地名が残っているのは辻だけです。

吉屋チルーの伝説で有名な仲島は、現在の那覇バスターミナル付近にありました。渡地は現在の通堂町にあり、長崎の出島のように、橋で渡る小島だったようです（だから『渡地』なのでしょう）。朝貢品の硫黄を貯蔵する硫黄グスクがあり、最近の発掘調査では塩田跡ではないかと思われる遺構も確認されています。

仲島の大石（2010年撮影）

解決すべき課題

農民の酷使

農民にとって最も大切な仕事は、田畑を耕すことである。

しかし以前から、農民に規定の年貢を納めさせたうえ、さらに規定外の労役をさせている役人がいる。そのために農民は時間を奪われ、田畑を耕す余力を失っている。

このような農民の酷使を厳しく調査したかったが、食料品の調達部署をはじめ、王府各部署の官有品にかかわる不正をまだ監査しきれていないため、先延ばしにしたままである。

勤務評定の精査

領地と俸給は、各人の勲功が公平に評価されて与えられるべきである。しかし現状は、領地収入についても俸給についても、不公平な格差がはなはだしい。これでは、政治が正しく行われない。

これも厳しく調査したかったが、性急に取りかかるわけにもいかず、やむを得ず先延ばしにしている。

【解説】地頭としての収入は、領地内にある地頭専用の田畑からの収穫（地頭作得）と、領地に応じて王府からもらう俸給（知行）の二種類がありました。両方を得られる者を「二方持《ふたかたもち》」、俸給（知行）のみの者を「一方持《ひとかたもち》」といいます。

ほぼ現在の市町村にあたる「間切《まぎり》」を領する地頭（総地頭）は、すべて二方持でした。現在の字《あざ》にあたる「村」を領する地頭（脇地頭）は、一部をのぞいて一方持です。蔡温は具志頭間切の総地頭だったので、二方持でした。

なお、これ以外に、役職手当にあたる俸給も「知行」に含まれるようです。

冠婚葬祭・賞罰に関する規則

冠婚葬祭などの儀礼は、贅沢に過ぎてはならない。そのため、本来ならば、王子から百姓まですべての身分を対象に、儀礼にかかわる規則を厳密に定めておくべきである。しかし、琉球の国力をまだ十分に把握できていないため、あえて定めていない。賞罰の規則を定めていないことも、同じ理由による。

【解説】儀礼に関する規則が、それまで存在しなかったわけではありません。

一六九七年には、地方における祭礼や行政に関する規程が、「法式」（『田舎法式』または『中頭法式』とも呼ぶ）という文書で布達されています。ただ、「王子から百姓まで」と言える性質のものではないうえ、「法式」すら徹底できていなかったようです。蔡温がつくりたかったのは、琉球における諸々の礼式の規則を集大成した「琉球礼式」とでも呼ぶべきものだったのかもしれません。

賞罰の規則は、蔡温の死から二十五年後（一七八六年）に、「褒美条例」「琉球科律」という成文法が編纂されることで実現します。それ以前の刑罰は、判例を参照しながら科されていたようです。

学校の創設

学校を創設し、諸科目の師匠五、六人に一定の基準で学生を評価させ、適材適所で王府の各部署に登用するよう規則を定めれば、人材は年々豊富になるだろう。しかし、学校を創設するのは、政治がある程度正しく行われるようになってからのことだ。

【解説】この頃、すでに久米村には「明倫堂《めいりんどう》」という公立学校が創設されていましたが、明倫堂の役割は久米村の子弟の教育に限定されたものです。

首里に公学校所（最高学府。後に国学と改称）と三平《みひら》等学校所（中等教育機関）が創設されるのは、一七九八年、尚温《しょうおん》王の治世下です。蔡温の死から三十七年後になります。初等教育期間にあたる村学校所は、これより後に創設されたようです。

学校所が設立される以前の教育は、公教育がなかったということになりますから、各家庭や私塾に任されていたのでしょう。

外患について

南蛮船への対処

南蛮（スペイン・ポルトガル）国は唐国の西南の方角にあるという。

南蛮船は、以前は長崎に向けて渡航していたので、琉球の浦々で風待ちをすることが間々あった。御国元からは、南蛮船が風待ちをしていたら、上陸させないよう厳重に陸を警備し、早々に出帆させよと命じられている。さらに、南蛮船が破損して船員が上陸してきたときは、全員捕縛して船牢に閉じこめ、御国元へ送るようにとも命じられている。

とはいえ、南蛮船一隻には百人から二百人以上もの乗員がいると伝え聞いている。全員を捕縛するのは大変な難事で、琉球側でも多くの人命を失うことになるだろう。

だが、数十年前から長崎では南蛮船の寄港を厳禁しているため、もはや南蛮船が長崎に向かうことはなく、琉球で風待ちをすることもない。結果として、琉球にとっては幸運の極みであった。

【解説】薩摩藩からこのような命令が下されているのは、江戸幕府のキリシタン禁令が琉球にも及んでいたためです。一六四〇年、西表島にスペイン船が来航し、二、三百人の乗員が上陸しました。彼らは幼女を連行して去っていったと、史書『球陽』は伝えています。

この事件の背景には、当時、スペインが東アジアへの勢力進出をうかがって盛んに活動していたことがあるようです。同じ時期に別のスペイン船の乗組員が琉球に漂着していますが、彼らは実際に薩摩まで護送されています。

このようなスペインの動きを警戒した薩摩藩は、十年足らずの期間ではありましたが、西表島に兵を派遣し、大砲まで設置して警備にあたりました（大和在番《やまとざいばん》）。

蔡温時代には、西洋の異国船が来航もしくは漂着したという確かな記録はないようです。しかし、すでにインドや東南アジアに西洋諸国が進出している時代ですから、蔡温もやはり不安だったのでしょう。異国船が来航したら実際にどう対応すべきかが書かれていないのは、蔡温自身にも経験がなく、自信を持って書き記せなかったためかもしれません。

琉球が次に異国船の来航に悩まされるのは、蔡温の死からおよそ半世紀後です。その時期の王府による異国船への対応は、（漂流者の場合は）保護し、一般民から隔離し、薩摩を経由せず本国へ送還する、というのが基本でした。蔡温の時代より後、どこかで方針が変わったようです。

武道の訓練

琉球はいたって静穏な国なので、武道を決して必要としない。しかし、毎年の渡唐で海賊船に遭遇した場合は、槍・長刀・弓・鉄砲などで応戦しなければならない。

そう考えると、平時から槍・長刀・弓を嗜《たしな》んでおくこともまた、国に仕える者の義務であろう。特に支障がなければ、平時における鉄砲の稽古さえも命じていただきたいと思う。渡唐する役目に選ばれると、潮の崎で三日間にわたる鉄砲の稽古を命じられるが、この程度の稽古では役に立たないであろう。

【解説】渡唐船が中国沿岸で海賊に襲撃される事件はたびたび起きており、その対策として渡唐船は大砲や鉄砲で武装していました。兵員をともなっていたわけではなく、襲撃を受けた際は船員がみずから武器を取って立ち向かいます。船内における戦闘配置もあらかじめ決められていたようで、「戌秋走唐船陣賦」という戦闘配置図が今日に残されています。蔡温が望むような、平時における鉄砲の稽古が許可されたかどうかは不明です（おそらく許可されていないと思います）。

なお、琉球の士族は、薩摩藩から鉄砲の所持は禁じられていましたが、刀剣の所持は認められています。冊封副使・徐葆光が琉球滞在時の見聞を記した『中山伝信録《ちゅうざんでんしんろく》』には、弓を射る琉球人の図も描かれています。

弓矢をかまえる琉球人の図（徐葆光『中山伝信録』より）。弓を地面に立てて矢を放つという、変わった射法です

水運構想

避難港の確保

琉球の海岸は珊瑚礁に囲まれており、着船できる港が少ない。そのため、商船は暴風に遭っても避難できず、破損してしまうことが多い。

そこで、珊瑚礁を開削し、間切（ほぼ現在の市町村）ごとに適切な場所を選んで港を築けば、天候が荒れたとき、商船だけでなく他の船もすみやかに避難できるだろう。

ただし、珊瑚礁を開削して港を築くには、しかるべき工具と工法を用いなければならない。泥土や細砂が積もっている場所では、いくら工事しても無駄である。珊瑚礁の干瀬ができている場所ならば、しかるべき工具と工法でどのようにでも開削できる。

【解説】船が暗礁に乗り上げてしまうこと、つまり座礁は、船舶にとって致命傷です。

沖縄の島々を囲む珊瑚礁は、船舶にとって厄介なものでした。『琉球国旧記《りゅうきゅうこくきゅうき》』には、当時、沖縄島に港や船溜まりが百五十か所近くもあったと記されています。しかし、大型船が停泊できる港は那覇港はじめ三か所しかなく、各間切が所有する地船（中型の馬艦船が多い）が着ける港も限られていたようです。

珊瑚礁の開削をそれほど難しいことではないように語っている蔡温ですが、琉球では那覇港の浚渫工事もたびたび行われていることから（具体的な工法は不明）、水中土木の高い技術を持っていたことがうかがえます。

浦漕船の活用

三十石～九十石を積載できる浦漕船《うらこぎぶね》（手漕ぎ船）を自由につくり、浦々を走りまわって薪木を商売すれば、人々の生活にこのうえなく役立つだろう。浦漕船はもっぱら櫓《ろ》を漕いで操るため、向かい風でも走れる。

浦漕船さえあれば、薪木を商売できるのはもちろん、御国元への上納米や砂糖樽を積みこみ、サバクリ（地方役人）ひとりの監督で那覇まで運んでこられる。百姓は負担が減り、船主は船賃を取れる。それぞれの利益になることは自明であろう。

ただし、浦漕船を造るにはしかるべき方法がある。

また、間切の山野で松・雑木・竹などを育て、浦漕船が来たときに売り払えば、自然と百姓の暮らし向きはよくなるであろう。

【解説】浦漕船を造る「しかるべき方法」とは、おそらく、建材を無駄にしない方法という意味でしょう。蔡温は木材を節約するため、各間切で所有する船の隻数や大きさを厳しく制限しました。

首里への築港

那覇と泊《とまり》には各地から船が着くので、商売で生計を立てるには適しているだろう。一方で首里は、人口は多いものの、船着場がなく商売には向かない。そのため、多くの人が近隣の間切から畑地を借り、ようやく生活している状態である。

だが、地方の人口が今後も増えつづければ、いずれ畑地も借りられなくなるのは必至である。そのとき、領地収入や俸給を得ている人ならばよいが、無給の人々は間違いなく貧窮する。

よって、首里の将来を考えるに、那覇・泊から首里への入口にあたる茶湯崎《チャナザチ》に港を築くべきである。そうすれば、各地の商船が首里に集まる。首里の生活は便利になり、無給の人々にも働き口ができるだろう。

【解説】茶湯崎は現在の那覇市松川です。当時、茶湯崎には石橋があり、那覇・泊と首里を結ぶ交通の要衝でした。

首里の丘を囲むように、北に真嘉比川、南に金城川が流れており、茶湯崎は両川が合流する位置にあります。その流れは南に向かって久茂地川となり那覇港へ注ぎ、北に向かって安里川となり、泊港へ注ぎます。蔡温は、茶湯崎に港を築くことにより、那覇・泊港と首里を水運で結ぼうとしたのです。

首里人の失業対策

那覇・泊には馬艦船《マーラン》（中型帆船）があるため、山原や諸島を走りまわって商売ができる。その地の生活にも貢献しているだろう。だが、首里の人々は操船に不案内なので、那覇・泊のようにはいかない。

浦漕船は、首里人でも櫓の使い方さえ習得すれば、容易に乗りこなせる。さらに、浦々に港を築いておけば、悪天候の際には手近な港に避難できるので、何の心配もいらないであろう。

首里の港は首里人のためのみにあらず

茶湯崎に港を築くのは、首里人の生活のためだけではない。山原《ヤンバル》・離島から、上納物や地頭の収入米を首里に運ぶ人々は、茶湯崎まで川をさかのぼって荷揚げできる。さらには、首里から唐・大和への荷物も茶湯崎から積みこめるようになるのだから、どれほど便利になるかは言うまでもないことだ。

ただし、港を築くにはしかるべき方法がある。河川からの流水がない場所では、港を築いても、泥土が堆積して使えなくなってしまう。流水のある場所にしかるべき方法で港を築けば、雨のたびに泥土は流され、堆積しない。幸いにも茶湯崎には流水があり、港を築くには適した場所である。

【解説】蔡温の水運構想をまとめると、次のようになります。
・間切ごとに、少なくとも馬艦船などの中型船が停泊できる港を築く。
・首里にも港を築き、那覇港と直結させる。
・既存の馬艦船に加え、小回りがきく浦漕船を活用し、首里と各間切を結ぶ水上流通網を形成する。（那覇・泊港からの水運には浦漕船を活用する）

これらが首里人の失業対策も兼ねているのは、蔡温が述べているとおりです。残念ながら、予算面で問題があったのか、この壮大な構想は実現しなかったようです。茶湯崎橋や金城橋（金城町石畳道の下にある橋）までは実際に舟がさかのぼっていたと言われますが、蔡温が構想した規模とは程遠いものだったでしょう。

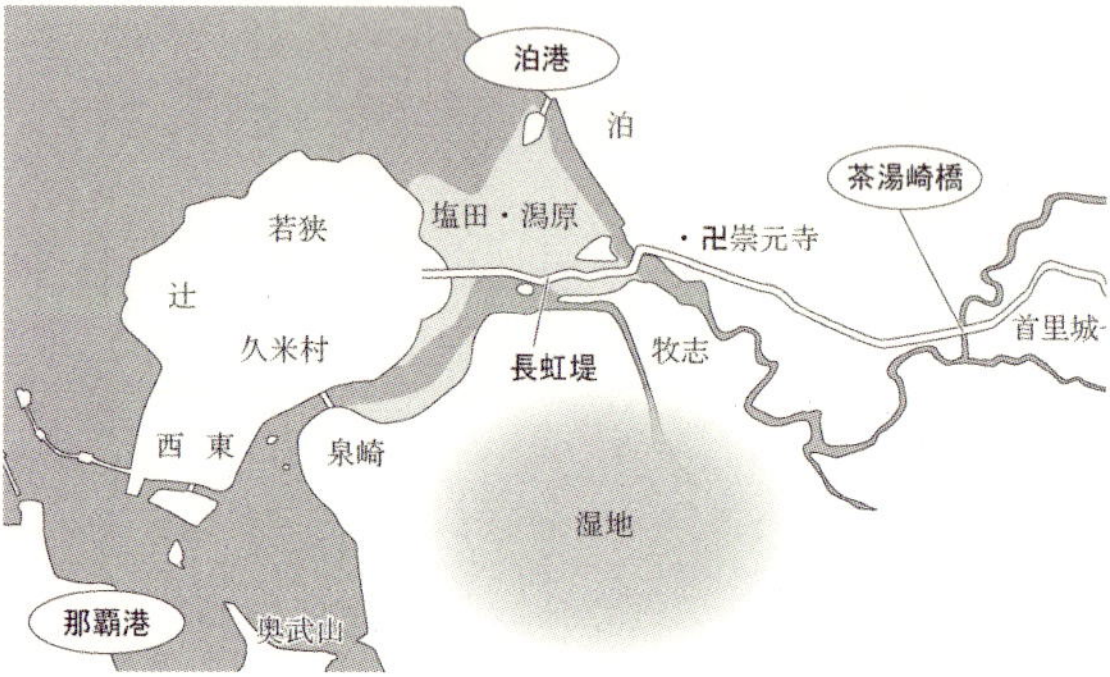

蔡温時代の茶湯崎〜那覇の想像図。『沖縄大百科事典』の項目「那覇の旧海岸線」記載の1700年頃の海岸線と、「那覇市街図」（明治初年）を参考に作成。

明治頃の茶湯崎。左下のアーチ橋が茶湯崎橋。写真右側が首里城方面

山林（杣山）政策について

深刻化する木材不足

昔の琉球は人口がわずか七、八万人だったので、用木は国内産のみで足りていたようである。

しかし、その後しだいに人口が増加し、今では二十万人にも達している。家屋の普請、造船、もろもろの道具などの需要も、当然ながら人口に応じて増えている。特に、首里城の普請と唐船の建造には大きな木材が必要で、それがなければどうにもならない。

昔は杣山《そまやま》（国有林）についての規定がなく、樹木の伐採や焼畑農業を自由に行っていた。そのため樹木は繁殖せず、大きな木材は減少し、杣山はことごとくやせ衰えた。

そこで、十五年前の卯年（一七三五年）、杣山の管理を山奉行《やまぶぎょう》に統括させ、杣山に関する法令規則を詳細に定めた。くり船（丸太をくり抜いた舟）をつくることも厳禁している。

【解説】一七三五年に定めた法令規則とは、『山奉行所規模帳』『杣山方式帳』のことです（39頁参照）。『山奉行所規模帳』によると、当時の調査でくり舟は全国で二七〇〇艘余りあり、それを八年ごとにつくり直していたことから、毎年三四〇本の大木が消費されていました。そのため、現存のくり舟は焼印を押して管理し、新造は厳禁しました。この禁令を破った者は、なんと流刑に処されます。

生活のために小舟が必要な場合、木材の消費が少ない「はぎ舟（板を組み合わせた舟）」をつくるよう指示しています。はぎ舟の製造には許可が不要だったので、先述の「浦漕船」の奨励と辻褄が合います。

杣山を重視すべき理由

食糧や衣服は、毎年、農作業や家業によって生産される。そのため、十万二十万と人口が増えても、人々がきちんと田畑を耕作し、家業にいそしめば、今後も不足する心配はないだろう。

しかし、樹木は農作物とは違う。毎年生産できるものではなく、木材として使用できる程度まで育てるには、数十年かかるのだ。特に、大きな木材を育てるには、七十年や八十年、あるいは百年もかかる。木材の不足はすぐに補えないからこそ、杣山の育成を特に重視するよう命じておいたのである。

木材は自給自足すべし

琉球では、渡唐船を建造するために大きな木材が必要である。首里城を普請する場合も同様だ。

杣山が荒廃して大きな木材が採れなくなれば、御国元に頭を下げ、運搬費込みで木材を購入することになる。所帯方（財務担当）はこの莫大な出費を補うため、諸士や百姓へ臨時に課税せざるを得なくなるだろう。そうなれば、国中の人々が困窮することは必至である。

国内で木材の需要を賄えないと、このような事態が生じるのだ。だからこそ、琉球の永きにわたる繁栄のため、杣山の育成を重視するよう命じたのである。

樫木《チャーギ》（イヌマキ）の育成

首里城は二十余年に一度、雑木で普請してきた。それが国庫や諸士・百姓への重い負担になっていたのは、誰もが知るところである。よって、今後は湿気や害虫に強い樫木《チャーギ》（イヌマキ）を広く育成し、首里城以外の雑木製の御殿も、すべて樫木で建てかえる計画である。樫木を重点的に育成するよう特に命じたのは、そのためである。

【解説】王府が特に重視していた御用木《ごようぼく》は、首里城の普請に使用するイヌマキと、造船に最適な松です。

琉球に自生しない樹木としては、桐や杉などの植林を奨励しています。とくに杉は、イヌマキの代替として首里城の普請に使用するため、植樹に力を入れていたようです。『林政八書』のひとつである『樹木繁殖方法《じゅもくはしょくほうほう》』には、杉の植樹方法が図入りで詳細に説明されているほどです。そこまで力を入れていたにもかかわらず、なぜ現在の沖縄に杉の木がほとんどないのかは謎です。

本島周辺離島の林政 一

・粟国島
・渡名喜島
・伊江島

右の島々はもともと山地がないため、自前の木材が不足している。不足分は、沖縄本島における国頭・中頭の杣山から調達する計画である。

本島周辺離島の林政 二

・伊平屋島
・久米島
・慶良間島

右の島々には山地があるので、精を入れて杣山を育成し、必要量の木材を自前で生産するよう命じた。

宮古諸島の林政

宮古諸島では、林野地とそれ以外の土地が区分されていなかった。しかし、広大なススキ原を遊ばせているので、今後は林野地を区分し、杣山を育成するよう特に指導した。杣山さえ育成すれば、この諸島で造船や家の普請をする際、他の地域からの木材に頼る必要がなくなる。

これまで宮古諸島では、八重山や沖縄本島から用材を調達したり、大和船や馬艦船が運んでくる高額な用材を買ったりしていたので、財政に負担がのしかかっていた。これはつまり、杣山を持たないことが原因なので、今後は新たに杣山を育成するよう詳細に指示したのである。

【解説】ススキ原で森林を育成する方法も、『林政八書』のひ

魚鱗形の植樹法

とつである『樹木繁殖方法《じゅもくはしょくほうほう》』に記されています。その方法は、ススキ原を魚の鱗《うろこ》のような形に刈り取り（鱗の縁を残し、内部を刈り取る）、刈り取った部分で林野を育成するというものです。林野育成地帯を囲むススキが、強風を防ぐ「抱護」になります。この抱護の形を、見た目そのままに「魚鱗形《ぎょりんけい》」と呼びます。

『樹木繁殖方法』では、魚鱗形で残すススキ原の幅やススキの高さ、刈り取る部分の直径まで詳しく規定されています。その数値は、今日の科学で見ても、最も防風効果の高いものになっているそうです。

八重山諸島の林政

八重山諸島は現在、人口が少ない割に山地が広いので、この土地で必要な木材だけならば、まず不足することはない。

一方、沖縄島では、国頭・中頭の杣山だけで多大な木材の需要に応じなければならない。沖縄島は人口に比例して需要も多いうえに、粟国島・渡名喜島・伊江島の需要にも応じなければならないので、いずれ沖縄島の杣山だけでは不足するときが来るだろう。

幸い、八重山諸島には広大な杣山があるので、沖縄島の杣山で足りない分を、将来にわたって補える。そのために、八重山の杣山は特に盛んに育成するよう、かたく命じたのである。

国に仕える者の心得

大局を見よ

国家というものは、目先の計算にとらわれると、決して平穏な治世を実現できないものだと思う。昔の聖人が教えるように、国土長久のためには大局を見なければならない。歴史をふりかえっても、これは間違いのないことだ。

国に仕える者、とくに重役の座にあるものは、国家の大計画を昼夜懸命に考えることが肝要である。

国家の条件とは

大国であろうと小国であろうと、国家と呼ぶには次の条件が必要である。

まず、木・火・土・金・水の陰陽五行を備えていること。そのうえに、「父子の親」「君臣の義」「夫婦の別」「長幼の序」「朋友の信」の五倫と、士・農・工・商の四民の道を踏み行っていることである。

さて、五行のうち、水・火・土はどこであろうと備えているが、木・金は必ずしもそうではない。木・金を備えていないということは、五行を備えていないということである。それでは国家と呼べない。

琉球の場合、木・金の「木」は、杣山によってみずから備えている。「金」（ここでは貨幣や鉄などの金属類）は、みずからは備えていないが、御国元から調達しているので、結局は備えている。このように五行を備えているので、琉球は昔から、国家であることを宣言できたのである。

つまり、世界にはみずから五行を備えている国もあれば、五行の足りない分を他所から調達している国もあるということだ。足りない分を調達できない国は、五行四民の道を立てられないのだから、国家とは呼べないのである。

【解説】ここには、今後も琉球を国家として成り立たせるため、次の二点が重要であるという含意があります。

・「木」、すなわち杣山を絶やさないこと。
・「金」（貨幣や鉄などの金属類）を外国から調達できる状態を維持すること（外交が重要であること）。

天の摂理に従え

五行四民の道は、人間が作ったもののように見えて、じつは天の摂理たる陰陽五行に由来するものである。だから、政治を行うにあたっては、なんとしても陰陽五行を基本としなければならない。陰陽五行の基本を無視し、我々の独断で政治を行えば、国家はしだいに衰え、ついには最悪の事態となるであろう。

あくまで大局を見よ

政治の基本とは、先に述べたように、全体の根幹をなす方針の決定と、それにもとづく政策の実行である。為政者が根幹を忘れて枝葉にばかり注力すれば、いかに陰陽五行を備えた国であろうとも、いつしか衰え、ついには崩壊の憂き目を見ることになるであろう。

昔の聖人が言われたとおり、為政者は根幹をなすものに取り組むことが肝要だ。そうすれば、いかに不足がちな小国であろうとも、足りない分を他所から調達することで、必ずや平穏な治世が実現できるものである。

国に仕える者たちに望む

四民のうち、農・工・商の本分は、各自の仕事を懸命につとめ、かたく法を守って平穏に生活することである。

士《サムレー》の本分は、農・工・商とは違い、政治を支えることである。そのため、何よりも節義のつとめを心がけなければならない。節義のつとめとは、平素から人々の模範となるよう振舞うことである。そして、命じられた役務や格式をこなすだけでなく、何事においても政治の支えとなるよう心がけ、懸命に考え、懸命に働くことである。

首里・那覇・久米村・泊の士《サムレー》や、士でなくとも離島・地方の行政官は、すべて国に奉仕する者である。各自がその自覚を持ち、政治の支えとなるために何をすべきかを懸命に考え、懸命に働くよう望むところである。

【解説】離島と地方の現地行政官は、士族ではなく、すべて百姓身分でした。宮古・八重山の行政官は士族の身分を許されましたが、沖縄島の士族とは区別されています。

なお、百姓として最高の地位は、町方（首里・那覇・久米村・泊）に住む総地頭の代理として間切の経営にあたる、地頭代《じとうだい》です。民謡にしばしば登場する「サバクイ（捌理）」は、地頭代の補佐官であり、未来の地頭代候補となる「百姓身分のエリート」でした。

『独物語』　以上

蔡温、かく語りき ― そのほかの著作から

国家について

国が痩せていても憂えるには足らぬ。財の集散は必ず人の行いが決めるもので、物によって決まるものではない。

国が弱くとも憂えるには足らぬ。国の強弱は必ず人の行いが決めるもので、地によって決まるものではない。

国が痩せていれば、しかるべき方法でこれを肥やすのだ。国が弱ければ、しかるべき方法でこれを強くするのだ。

ゆえに、治国の大道を知る者は、国の置かれた状況を憂えたりはしない。ただ為政者が寛容でないことを憂えるのみである。

（『図治要伝』より）

国と一口に言っても、大国もあれば小国もあり、豊かな国もあれば貧しい国もある。隣国を頼れる国もあれば、そうでない国もある。平穏な国もあれば、危機に瀕する国もある。国家にとって憂えるべきことは、その国情によってさまざまである。その機微を言葉で教えることはできない。

しかし、統治の方法を学んでよく理解したうえで、時勢に応じ、国情に応じて的確な政策を打ち出せば、国は永く平穏に統治されるだろう。これは為政者にとって最も重要なことであり、国が栄えるか衰えるかは、ここで分かれるのである。

（『図治要伝』より）

政務の法が的を射ていれば、その国は必ず栄える。その法が的を外していれば、その国は必ず衰える。

ゆえに昔の人は言ったのだ。民衆を統治することは、朽ちた手綱で六頭立ての馬車を駆けさせるようなものだ、と。

（『図治要伝』より）

国というものは、その容貌、言語、衣服、礼節など、その土地に合うようにできているものだ。よく似ているが違う部分もある国、まったく違うようで似ている部分もある国、さまざまではあるが、同じ国はひとつもない。これをすべて同じくしようとするのは、愚の骨頂である。

（『図治要伝』より）

政治について

民衆はそれぞれに私心を抱き、私見を通そうとする。悪に走るのは易しく、善に付くのは難しい。

上の者が十の善を行えば、下の者は一の善を行う。上の者が一の悪を行えば、下の者は十の悪を行う。善を破るのは簡単で、善を成すのは難しいと、昔の人も言ったものだ。為政者はこのことに十分留意し、誰よりも努力して自己を律し、自己の悪弊を改めなければならない。そうすれば、国の風紀は改善し、社会は安定する。

君主だけでなく、君主を補佐する者も同様に心得よ。

（『図治要伝』より）

為政者は時勢をよく察しなければならない。昔は昔、今は今である。昔はうまくいった方法が、今でも通用するとは限らないのだ。

士族の家柄に貴賎の違いはあれど、官職を授けるときには、その職にふさわしい人材を選ぶべきである。決して、家柄によって官職を授けてはならない。

前例のとおりに行う仕事は、前例のとおりに行うのが得意な者に命じればよい。統治にかかわる仕事は、必ずそれにふさわしい人材を選んで登用すべきだ。これは治国の要務であり、国の盛衰にかかわることである。

（『図治要伝』より）

政務において、農より重要なものはない。農は国の土台である。

農民を愛することは、国を愛することである。農民を侮ることは、国を侮ることである。

そして、農民を疲弊させる者は、国を疲弊させる者である。

（『図治要伝』より）

賢明な君主が国を治めるときは、その国の人々をひとつの体として見る。君主は頭、臣下は手、民衆は足にたとえられる。頭と手と足を別々に見れば、尊い者と卑しい者とを分けて見ることになる。だが、これをひとつの体として見れば、すべて大切な体である。ゆえに、国を治める者は必ず公平に人々を見る。このように広く仁政を施せば、国は永く栄えるであろう。

（『図治要伝』より）

君臣の出会いには、大きく分けて二種類ある。
君主が礼をもって臣下を遇すれば、臣下は忠義をもって君主に仕える。たがいの意志が通じあう。賢明な君主と忠良な臣下の出会い、これを「明良の会」と呼ぶ。国の栄える源である。
君主が驕《おご》りをもって臣下を遇すれば、臣下は媚びをもって君主に仕える。たがいの意志が通じあわない。暗愚な君主と諛佞《ゆねい》（へつらいおもねること）の臣下の出会い、これを「暗諛《あんゆ》の会」と呼ぶ。国の衰える源である。

（『図治要伝』より）

臣下を忠臣とするか佞臣とするかは、すべて君主が決める。凡夫の情として、佞臣が寵愛されていれば、これをうらやむ。忠臣が疎まれていれば、これを恐れる。やがて忠義を捨てて佞臣となる者が、跡を絶たなくなるだろう。逆に、忠臣が寵せられ、佞臣が遠ざけられていれば、媚びへつらいをやめて忠臣となる者は数えきれぬだろう。臣下を忠臣とするか佞臣とするかは君主が決めるとは、そういうことである。

（『図治要伝』より）

人の上に立つ者はたいてい傲慢という病を抱えている。これを自覚せず、自分より優れた者を疎んじ、従順な者を寵愛する。このように無思慮で狭量な振舞いは、必ず国政に害をなすだろう。

（『図治要伝』より）

悪人は自らの才能を誇り、我が身の悪を自覚しない。普段から談笑して愛想もよく、身なりも立派なので、善人に見える。だが、その実は狡猾で嫉妬深く、善人とは天地の差である。その才能は一時の弁舌には優れていても、国家の大計画には無能である。ゆえに凡庸な君主はしばしば邪臣を見誤り、国家の憂いを招く。多くの史書が伝えるとおりである。

（『図治要伝』より）

無学な民といえど、人は皆、天性の素質を秘めている。ゆえに、損益得失を見分ける目は、鏡が物を映すように鋭いものがある。民を侮り、みだりに厳しく責め、年貢を増し、規律に背くようなことをしてはならない。民が騒乱を起こすおそれも、決してないとは言えぬのである。

（『図治要伝』より）

俗信について

世俗の人は、死者の魂が生者に取り憑いて殺すことがあると言い、皆がこれを事実だと信じている。もしそれが事実ならば、昔から、戦で命を落とし、家族を奪われ、国を滅ぼされた者は数えきれない。なぜ、彼らは敵に取り憑いて仇を討たないのだ。世の中には、人を恨んで死んでいった者がいくらでもいる。なぜ取り憑いて恨みを晴らさないのだ。また俗説では、人は死ぬとまた生まれ変わるという。もしそれが本当ならば、中国の昔の聖人も、仏教徒も、数えきれないほど生まれ変わっているはずだ。

こういうことが実際にあるように見えるのは、重い病にかかった人が、人間がもともと持っている霊妙の気によって、それらしい状態をたまたま発現したにすぎない。死者の魂など関係ないのだ。

(『醒夢要論』より)

仏僧が簑翁に語った。

「罪人でも一心に念仏を唱えれば、冥府から極楽に登り、あるいは富貴の家に生まれ変わることができます」

「ひどいものです。一時の方便が、現在でもこれほど深く信じられているとは」

「どういう意味ですか？」

「念仏を唱えるのは、煩悩をおさえるためです。つまり、精神修養の一助として行うのであって、極楽に行くためではありません。そもそも、冥府は実在しません。釈迦は、愚かな人々に善を行わせ悪を絶たせるため、方便としてそのように語っただけです。悟りの世界では一切が〝空〟といいますが、ひとつの〝空〟に極楽も苦界もないはずです。

もし人が死んで生まれ変わるのであれば、なぜ、中国の聖人や天竺の仏教徒は、一人も生まれ変わってこないのでしょうか。罪人でも念仏を唱えれば極楽に行けるのであれば、仏は念仏という賄賂を受けたか、罪人をひいきしたのであって、崇拝するに値しないものになります。これが釈迦の本意であるはずはありません」

「それでは、祖先の祭祀を行うことも間違いになるではありませんか。仏教徒だけでなく、中国の聖人も祖先の祭祀を行います。皆、間違っているというのですか」

「あなたはなぜ、そんなにも理解が悪いのでしょう。人が禽獣と異なるのは、礼を行うからです。そのために、昔の中国の聖人は礼を説きました。以来、人々は礼をもって生活し、礼をもって祖先を祭るようになりました。釈迦の礼法もその意味するところは同じです。冥府云々は関係ないのです」

（『簑翁片言』より）

隣人が簑翁に言った。

「昔の人が言うには、善行には良い報いがあり、悪行には悪い報いがあるそうです。しかし、本当でしょうか。世間では、善行をなした者の子孫が短命であったり、貧苦に陥ったりしています。逆に、悪行をなした者の子孫が繁栄したり、裕福になったりしています。私には、はなはだ疑わしいのですが」

「それは天命だ。天命ならば、聖人といえどもどうすることもできない。報いとは何かを説明しよう。つまり、善をなせば他人に愛され、尊敬される。悪をなせば他人に憎まれ、殺される。身に影がしたがい、声に響きが応じるようなものだ。これが報いというものだ」

（『簑翁片言』より）

簑翁が僧とともに山を歩いていた。空には重い雲が湧き、雷鳴も聞こえてきた。

僧が簑翁に言った。

「罪過のある者は雷に打たれます。雷というのは恐ろしいものです」

言い終わる前に雷がとどろき、近くの岩と松を打ち壊した。

簑翁は笑った。

「岩に何の罪がありましょうか。松に何の罪がありましょうか」


（『簑翁片言』より）

天地間には陰陽五行の気が満ちている。これが運びこまれ、運び去られていくうちに、影を結んで像をつくることがある。人の像を結ぶものを天人と呼び、馬の像を結ぶものを天馬と呼ぶ。ほかにも数えきれない種類の像を結ぶ。なかには、実体を得て人間と遭遇するものが、まま存在する。これは自然の最も奇妙なる働きであろう。自然の妙によってこのようなことは稀《まれ》に起こるが、いつでも起こるものではない。

それにもかかわらず、世俗の人は常にこのような虚誕（でたらめ）を信じ、それがでたらめであることに一生気付かない。これらの影像を見れば、集まって噂する。いわく、「天にはこの世とは異なる世界がある」「海にはこの世とは異なる世界がある」「この身は死んだら冥府に住まうことになる」云々。

ああ、天がただ気であることを知らぬのか。太陽、月、星、それに銀河にいたるまで、すべて陰陽の精気がかたちづくっており、それを「理（根本の原理）」が支配しているだけだ。どうしてこれが異世界でなどあろうか。

海はただ水でしかない。影を結ぶことは極めて少なく、ただ水があってその中に棲《す》むものがあるだけだ。どうしてこれが異世界でなどあろうか。

人も動物も、死ねば魂魄は先を争うように散っていく。どうして生まれ変われるのか。はるか昔から今にいたるまで、世に再生した者などいないではないか。

世俗には、みだりに虚誕の説を唱え、人をあざむき世をたぶらかす者が絶えない。これは国を滅ぼす斧《おの》である。

気が影を結び像をつくることもあるにはあるが、滅多に起こるものではない。それは必ず、陰陽の気の変化が生み出したものである。数百年に一度しか起こらないことが、常に起こる道理があろうか。

（『醒夢要論』より）

人間の生命はひとしく陰陽五行の気を受けている。その心の働きは霊妙至極である。ゆえに、心には本来あらゆる能力が備わっており、あらゆることに対応できる。平常はその力は封印されており、発現しないだけである。

ただ病気になると、稀にこれを発現する者がある。ある者は遠い過去の時代を語り、ある者は未来を知る。ある者は習ったことのない文字を読み書きし、ある者は弦歌の達人となるのである（それは霊妙な気の働きによるもので、怪奇現象などではない＝訳者補足）。


（『醒夢要論』より）


呪詛はすべて幻術である。論ずるに足らぬ。英気をそなえた人にとって、呪詛など雑草や塵芥《ちりあくた》も同然である。

だが、世俗の人は深くこれを恐れ、自ら心に災いを招く。ある者は病なきところに自ら病をつくり、ある者は妖《あやかし》なきところに自ら妖をつくる。すべて自分の心がつくりだしたものである。呪詛のためなどであろうか。

もし呪詛によって人を殺害できるのであれば、兵乱のときは呪詛によって敵を撃退できるだろう。なぜ人々に戦死の悲しみを負わせる必要があろうか。

仙術とは、人の踏みおこなうべき道を離れ、自然の理を悪用し、あるいは雲に乗り霧に乗り、あるいは忽然と出没し、忽然と姿を変える。つまりは妖術である。

（『醒夢要論』より）

生まれつき仙骨を完全にそなえた者だけが、わずかにこれを学べる。普通はこれを学ぼうとしても、雲によじのぼって天に達しようとするようなものである。仙骨を完全にそなえた者など、天地の間、数百年に一人二人しかいない。たとえ仙骨をそなえ、仙術を学んだとて、何の役に立つだろうか。まして、仙骨のない者がみだりに人道を厭い、世間を離れ、山にこもり、丹薬を服用して仙術を学ぶなど、迷信の最たるものでなくて何であろうか。

（『醒夢要論』より）

世俗の人が迷信に惑い、生涯そこから醒めぬのはなぜだろうか。天下にあるものはひとしく自然の気を受けて生まれるという。ゆえに赤子から老人まで、浮かれ騒ぐのを好み、日常に倦んでいる。これも気の働きゆえであり、四海の男女はみな同じ気に影響されるから、どこでも同じような人情になる。迷信に惑うのはたやすく、醒めるのは難しい。まして、巫（ユタ）の類はすべて世情を惑わし風俗を乱す妖《あやかし》である。国を滅ぼす毒薬である。ゆえに良き為政者は必ずこれを固く禁ずるのだ。

（『俗習要論』より）

家庭について

家庭を治めるには、何より、将来にわたっての計画がなければならない。計画がなければ、目先のことにどれほど努力しようと、家庭は衰えてしまうであろう。

（『平時家内物語』より）

豊年は安楽で、凶年は難儀であると世間の人々は考えるが、大きな間違いである。豊年のときこそ、凶年にそなえて懸命に働き、食糧や金銭を貯えなければならない。豊年こそ難儀であるべきなのだ。

豊年によく働いておけば、凶年でも余裕を持って過ごせる。少なくとも、難儀することはないだろう。

このように、平時から計画性をもって働くことが、家庭にとって最も大切なことである。

（『平時家内物語』より）

何事によらず、何らかの欲求が起こったときは、それが自分のためにしかならないことなのか、子孫のためにもなることなのか、落ち着いてよく考えることだ。子孫のためにもなることならば、精いっぱい行うがよい。自分のためにしかならないことならば、精いっぱい我慢することだ。

（『平時家内物語』より）

家庭には不意の物入りがつきものだ。病気、死亡、盗難、凶年、火災など、いつ起こるかわからない。普段からそのための貯蓄をしておかなければ、いざというときに困ることになり、家は必ず衰えるであろう。

（『平時家内物語』より）

婚礼・祭礼・葬礼などは、身の丈に合った規模で行うべきである。地域の風習だからといって、借金までして盛大に行えば、家は必ず衰える。このことをしかと心得よ。

（『平時家内物語』より）

営利を求めるならば、かたく法を守りつつ懸命に働き、資産を得よ。商売をするときは、資産の五分の一以内でやりくりせよ。そうすれば、たとえ海難事故などで不慮の損失をこうむっても、資産の五分の四は残るから、たいした痛手にはならない。もし資産のすべてをつぎこんでいたら、進退きわまって途方に暮れることになるだろう。

(『平時家内物語』より)

鍋や釜は琉球の産物ではなく、他国から買っているものである。大切に扱わなければならない。それをわきまえず大雑把に扱うのは、まったくけしからぬことである。衣服についても、女性が大変な手間をかけて一反の布を織り、ようやく仕立てるものである。洗濯のやり方を誤り、粗略な着方をして衣服を傷めるのは、まったくけしからぬことである。このことはよくよく考えなければならぬ。

(『平時家内物語』より)

生きかたについて

先祖伝来の名剣を、毎日欠かさず磨いている若者がいた。簑翁は若者に問いかけた。
「この剣のほかに伝来の宝はあるか」
「ありません」
「この剣などたいした宝ではない。真の伝来の宝は君自身だ。なぜ毎日、自身を磨かないのか」

（『簑翁片言』より）

人生では、十年か二十年の間に、良いときもあれば悪いときもある。舟が波間に浮き沈みするようなものだ。非常に良いときは大波にのぼり、それなりに良いときは小波にのぼる。そして、のぼった後は沈むのだ。

人の盛衰は、時と運と天命による。その波には、聖人といえども逆らえない。聖人はただ、舟が転覆しないことを貴ぶのみだ。

しかし、世間の人は往々にして、徳を修めず奢りたかぶり、自分という舟を転覆させ、家という舟を転覆させ、国という舟を転覆させ、天下という舟を転覆させる。これはすべて自分の過ちである。自分の過ちでなしたことであれば、聖人といえども救うことはできない。


（『治家捷径』より）


ある仏僧が簑翁に問いかけた。

「儒学では、悪い習慣をどのようにして改めるのですか」

「言葉は誠実に、行動は慎み深く。これを常に心掛けるだけです」

「それでは時間がかかります。なぜすぐに悟りを求めようとしないのですか」

「高きへ登るには卑《ひく》きより始め、遠くへ行くには近きより始めるのが、ものを学ぶ順序です」

「悟りを開けば、根を絶たれた樹木が枯れるように、悪い習慣も消えてなくなります。なぜ、そうしないのですか」

「英明で上等な人ならば、悟りを開くこともできましょう。しかし、そのような人は何億人に一人しかいません。ほとんどの人は英明でも上等でもなく、性格もさまざまです。そのような人が英明で上等な人と同じ修行をしたら、かえって害になります。僧といえども人間でしょう。なぜのそのような違いがないといえましょうか」

「…………」

「人間の心はとても霊妙にできていて、愚鈍な人でも、何かを聞けばすぐにわかったような気がしてしまうものです。しかしそれは、わかったような気がするだけで、本当にわかったのではありません。昨今の学者も同様に、わかったような気になっているだけです。なぜ、それで社会に役立つ学問といえましょうか」

（『簑翁片言』より）

山僧が簑翁に語った。

「私はさんざん読書をして、卑しきを捨てて高みに登らんとしました。そして、高みに登ったと思ったところ、ますます妄念が生じて悪習への誘惑が強まってしまいました。近頃、かすかにそれを自覚して悔やんでいるのですが、どうにもなりません」

「何かを学ぶ者は、誰でも、まず自分を知り、そのうえで学びかたを考えるべきです」

「どうすればよいのでしょうか」

「自分がどのような性質の人間なのか、自分でよく見極め、自分の性質に合った方法で学ぶのです。そうすれば、妄念はしだいに去り、悪習への誘惑も消えていくでしょう。真理を得ようとするならば、何よりまず自分を知ることです」


（『簑翁片言』より）


三人の士が遠くから簑翁を訪ねてきて、終日語り明かした。士が簑翁に言った。

「あなたはどんな質問にも答えられるし、答えもすべて明白です。あなたは生来、尋常の人ではないようです」

簑翁は嘆息した。

「君たちは私の少年時代を知らないのか。少年時代の私は、本を百回読んでも理解できず、頭の回転も悪かった。私と一緒に学んだ者は、皆それをよく知っている。私はみずから志を立てて苦学し、三十年つづけてようやく読書人らしきものになれたのだ。君たちを見たところ、皆、聡明そうではないか。ただ志を固めていないだけだ」

親族との付き合いは、情をよりどころとし、恩をもって接すべきである。財欲で情を失ってはならない。小さな過失で恨みを抱いてはならない。親族が貧窮すればこれを助け、愚かな振舞いをすれば忠告せよ。疎んじられても自分から親しみ、憎まれても愛するようにせよ。そうすれば、たいていはうまくいくものだ。

（『簑翁片言』より）

（『居家必覧』より）

人々との付き合いは、信をよりどころとし、礼をもって接すべきである。相手が自分を侮っても、自分は相手を侮ってはならない。相手が自分を悪く言っても、自分は相手を悪く言ってはならない。相手が不誠実でも、自分は誠実でいるようにせよ。相手が理不尽でも、自分は理を尽くすようにせよ。そうすれば、たいていはうまくいくものだ。

（『居家必覧』より）

臣たる者は修身治国の道を学び、しかとこれを身に付けたら、後は運を天に任せるのみだ。もし「明良の会」を得たならば、生涯にわたって己の学んだ成果を発揮せよ。もしそのような機会がなく、主君に疎まれ遠ざけられたならば、ただ己の学問を楽しむがよい。天を怨《うら》まず、人を咎《とが》めず、泰然自若として思い惑わずにいればよい。これが臣たる道の本分、その要点である。

（『図治要伝』より）

勤勉な者は、日を惜しんで努力し、怠ることがない。怠惰な者は、しばしば努力を怠り、明日がある、明日がある、と言い訳する。なぜ日を惜しんで努力しないのか。ああ、歳月は急流のごとしだ。若者もすぐ白髪の老人になる。老いてから後悔しても遅いのだ。

（『図治要伝』より）

蔡温が撰《せん》した碑文

琉球王国では土木建築事業や政治的事業を記念する石碑が多く建てられました。その多くが戦災や風化により破壊されましたが、そこに刻まれた碑文は『琉球国碑文記』や家譜の中に残されています。碑文は漢文に通じた久米村士族が撰する（作文する）ことが多く、蔡温の撰文も存在します。その現代語訳をご紹介します（底本は沖縄県教育委員会編『金石文』より）。

新濬《しんしゅん》那覇《なは》江《こう》碑文

＜解説＞王府は尚敬王の冊封使船を迎える準備として、泥土が堆積した那覇江（漫湖から那覇港あたりの水域）を浚渫しました。その工事を記念した碑文です。工事期間中、蔡温は請封のため中国にいましたが、計画の段階で深く関わっていたことを思わせる内容です。

山川とは霊妙なものである。国家が興るときは、山川の気にその兆候が現れる。衰えるときも同様である。ゆえに昔、賢者の国では、ただ山川の気の変化を観察することで、盛衰の機、得失の要を予測した。それによって、必ず未然に禍《わざわい》を防ぐことができたのだ。昔、伯陽父《はくようふ》（中国・周王朝の文官にして哲学者）は、山が崩れ川が枯れるのを見て、周の滅亡を予見した。どうして虚言であろうか。必ずそうなるのが道理である。

那覇江は百の川が集まる場所である。汪洋澎湃《おうようほうはい》として海に通じており、進貢船と西北の諸船は、すべて那覇江を頼って往来する。まことに中山（琉球の別称）の咽喉《のど》にあたると言えよう。南は饒波に至り、北は泉崎に接し、東は宇平・板敷などに達する。商船・釣舟が通らない所はない。一国の血脈にして万民の利便であり、その重要なことは婦人や子供でも知っている。

近年、人は小さな利にとらわれて大きな利を忘れている。真玉橋内外や饒波長川などでは、竹木を伐採して田地を開墾したために、川が病気になっている。泥土を集め畦道《あぜみち》を築いたために、川がその狭さに苦しんでいる。かつては船が通っていた流れは、今や枯れた溝と化した。特にひどいのは、寒川を田地に作り替え、その水を分けて一川としたことでである。これがどうして水の性質にかなうものであろうか。陸が崩れ、川が壊れるのも当然である。泥土が流入したために、水深の深かった那覇江はほとんど塞がろうとしている。賢明な者はこれを憂慮するが、愚かな民は必ずしもこれを恐れていない。

幸いにも今、賢明なる君主が徳を敷き仁を施し、それを補佐する良き重臣は政道を修め治山治水の理をわきまえている。その民を愛すること厚く、その国を憂えること深い。ゆえに那覇江の閉塞を懸念された。そこで、向文思（本部按司朝智）・向和憲（垣花親方朝理）・向受佑（玉城親雲上朝薫）らに特に命じ、源流を清めて水流を改善し、那覇江を浚渫せしめんとした。国のために禍を防ぐことが、大いなる望みだからである。この道理を理解せぬ者は、田地が廃されることを惜しみ、あるいは那覇江の治療など不可能だと疑った。この道理を理解する者は皆、明君良臣の世を喜び、民の利益となるこの事業に取りかかった。

向文思らはつぶさに山川の勢を見て、那覇江の病を診察した。そうして、あるいは田地を廃して川幅を広げ、あるいは泥土を除いて水深を深くした。

宇平・板敷などは再び商船が通れるようになり、長川はもとの川筋に戻したことで順流となった。臨海寺の西に石橋二座を築き、迎恩亭の北に石橋一座を構えた。渡地村の那覇江に臨むところに堤防を築き、木橋二座を架けた。こうして潮水が東西によく流れるようにした。合計で橋は五座である。昔はすべて橋があったのだが、塞がっていたため、今またその地形をよく調査し、古い記録にあたって、このようにしたのである。

垣花には新たに二橋を加えた。合わせて木橋を三座とし、これにより水と気が通ずるようにした。

泉崎は二橋を改修。工事の規模が大きかったので、小橋一座を加えた。すべて潮水を呑んでは吐かせることで、泥土が江内に滞らぬようにするためである。牧志の南には幾筋かの水流があり、西から泉崎に注ぐ。これもまた水力を強める助けになるだろう。

起工は康熙年次丁酉（一七一七）年五月五日、竣工は翌年閏《うるう》八月二十二日であった。

ある人は問うていわく、「臨海寺の南の石が那覇江に横たわり、潮汐による海水の出入りを妨げているように見える。なぜこれを除かないのか」と。向文思が答えていわく、「私の聞く所では、この石は風水に関わっている。また、那覇江と海はつながっているので、颶颱（台風）が襲ったとき、この石がなければ大波が江内に押し寄せてしまう。それでは船は恐れて停泊できない」と。問うた者は感嘆していわく、「なんと見事な事業を成し遂げたことか。昔、賢者の国では、ただ山川の気の変化を観察することで、盛衰の機、得失の要を予測し、必ず未然に禍《わざわい》を防ぐことができたという。それはこういうことを言うのだなあ」と。

もしこれを継続して時々に浚渫を行えば、那覇江の水深が保たれるだけではない。一国の血脈、万民の利便、それらが損なわれる心配はきっと永遠になくなるだろう。

今日また、主上の憂国愛民の御心と、国相・法司（摂政・三司官）の修政理治の功績を、天地あるかぎり不朽に伝えよう。ここに私は王のご命令をたてまつり、この文を作り、石に刻むことにした。私は何を言おうか。謹んで述べようではないか、明君良臣の会遇が盛んであることを。まことに予見が見事であることを。これを記して伝えることとする。時に、大清康熙五十七（一七一八）年戊戌・十二月吉日

正議大夫・蔡温文若氏、謹しんで撰す
副通事・鄭国柱廷材氏、謹しんで書す

（裏面は工事関係者の名前、工事費用などの記載）

三府龍脈碑記

〈解説〉三府龍脈碑については、44ページ参照。表面には碑の本文、裏面には碑を建立することを願い出た言上書の内容が刻まれています。

【表】

ひそかに思うに、天には星宿（星座）が分かたれ、地には山川が連なる。天地のありようはまことに見事であり、これほど理にかなったものはない。地に有って形を成せば、そびえて山や丘となり、散じて平原や湿地となる。すべて陰陽二気の集散によるものだ。だから山丘の来たる所を観察すれば、平原で起こることも知ることができる。いわゆる万山一貫とはこういうことである。

我が国の三府（国頭・中頭・島尻）四十一県（県＝間切）は、山丘・平原が分かれ合わさり、向かいあい背を向けあっている。その勢いは、虎が伏せ、龍がとぐろを巻くようであり、同じ幹から多くの枝が伸びるようである。龍脈は綿々として大いに天然の姿をあらわしている。まことに万世にわたって福に満ちあふれた国である。

昔、天孫氏が現れて国を開き、初めて王城を首里に建てた。これは神眼によるところである。どうして常人に推し量れようか。後世に至り、みだりに愚かな意見を抱く者が現れた。ある者はいわく、「首里は地形が険しいので、平坦な名護のほうが王都として優れている」と。ある者はいわく、「西の屋部港から東へ横断し、東の古我地港から西へ横断しようとしても、その間にひとつの丘陵があって互いを隔てている。国頭・羽地・大宜味の三県の船は遠く古宇利島と伊江島を経由しなければならない。そこはしばしば強い海風が吹く難所である。なぜこの丘を開削して船に往還の便を与えないのか」と。

ああ、王城とこの丘はすべて、はるかに龍脈によってつながっている。どうしてみだりに王城を他方に移すことなどできようか。どうしてみだりに丘陵を切り開き、水路を作ることなどできようか。今帰仁・本部の二県は、ただこの丘陵のひとつの龍脈によって、三府の一体となっている。三府はまた、この丘陵のひとつの龍脈によって球陽(琉球の美称)の雄勢を保っているのだ。もし丘陵を切り開いて水路を作れば、二県は龍脈のみならず球陽にも属さないことになり、かえって大いに雄勢を失うことは必定である。

今、生まれもって天から徳を授かり、日々新たに学んでおられる王は、これを思い、これを深慮すること切なるものがあった。そこで臣・温（蔡温）に特に命じ、この文を石碑に刻み、龍脈が我が邦の幸運にかかわること、万山一貫の理があることを、永く後世の人々に伝えることとされたのである。時に、

大清乾隆十五（一七五〇）年庚午・初夏吉日、法司正卿（三司官）兼任国師たる臣・蔡温が謹んで撰す

【裏】

言上

琉球における諸山の地理の気脈を考えれば、首里ほど国都としての地理に恵まれたところはございません。また、名護・羽地・本部・今帰仁の間に屋部港と古我知港がございますが、両港の頭を小嶺が隔てているおかげで、本部・今帰仁まで気脈が連続しているのでございます。

しかし年月が経った今、噂によれば、名護は平地が広大なので国都を建造するのに適しているなどと申す者がいるそうでございます。また、屋部港と古我知港の頭にある小嶺を切り開き、両港を一筋に結べば、諸船が安全に往来できると申す者もいるそうでございま

す。

今お伝えするに、もしそのようなことをすれば、琉球は諸山の地理の気脈を失い、国土永代のために非常に良くないことになりましょう。そのため、このことを詳しく碑に記して名護に建てるよう、お命じいただきたく思うのでございます。

以上

己巳（一七五一年）

（以下、蔡温ら三司官をはじめ、石碑建立の関係者の名前）

主要参考文献

■蔡温について
崎浜秀明編『蔡温全集』本邦書籍、一九八四年
沖縄歴史研究会編『蔡温選集』星印刷出版部、一九六七年
「蔡氏家譜抄」『沖縄の歴史情報』第5巻（WEBサイト）、文部省科学研究費補助金重点領域研究「沖縄の歴史情報　研究」総括班、一九九八年
嶋袋全発編「蔡温年譜」（所収：国吉有慶編『蔡温具志頭親方文若頌徳碑　程順則名護親方寵文頌徳碑』久米崇聖会、一九六九年）
高良倉吉ほか連載「蔡温と国土経営」『建設情報誌しまたてぃ』36号〜45号、沖縄建設弘済会、二〇〇六年〜二〇〇八年
真栄田義見『蔡温・伝記と思想』月刊沖縄社、一九七六年
田名真之『クニンダ人物志1　蔡氏』久米崇聖会、二〇〇八年
高良倉吉ほか『蔡温とその時代　近世史の諸問題シリーズ1』離宇宙社、一九八四年
高良倉吉『御教条の世界』ひるぎ社、一九八二年
山田有功『口語訳　独物語』琉球文化研究会、一九五〇年

■冊封使による記録
徐葆光著・原田禹雄訳注『中山伝信録』言叢社、一九八二年

鄔揚華『「徐葆光 奉使琉球詩 船中集」詳解』出版舎Mugen、二〇一〇年

■羽地朝秀について
高良倉吉「向象賢の論理」『新琉球史―近世編（上）―』琉球新報社、一九八九年
上里隆史「琉球の構造改革―羽地朝秀の闘い（1）～（3）」『目からウロコの琉球・沖縄史』ボーダーインク、二〇〇七年

■山林政策・治水事業・乾隆検地について
「沖縄の土木遺産」編集委員会編『沖縄の土木遺産』ボーダーインク、二〇〇五年
中須賀常雄編著『意訳 林政八書』編集工房東洋企画、一九九七年
仲間勇栄「杣山と村落共同体」『新琉球史―近世編（下）―』琉球新報社、一九九〇年
名護市教育委員会編『名護市史・資料編5 文献資料集1 羽地大川修補日記』名護市役所、二〇〇三年
沖縄県地域史協議会編『地域史叢書 沖縄の印部石』沖縄地域史協議会、二〇〇九年
安里進ほか連載「琉球王国の測量技術と技師たち」『建設情報誌しまたてぃ』46号～53号、沖縄建設弘済会、二〇〇八年～二〇一〇年

このほか、上里隆史、渡辺美季の両氏から、さまざまな助言をいただきました。記して感謝申し上げます。